三曹诗文译注与鉴赏

曹丕卷

曹文益 编著

时代出版传媒股份有限公司

安徽人民出版社

图书在版编目(CIP)数据

三曹诗文译注与鉴赏. 曹丕卷 / 曹文益编著. -- 合肥:安徽人民出版社,
2025. 1. -- ISBN 978-7-212-11760-3

Ⅰ. I206.361

中国国家版本馆 CIP 数据核字第 2024GK9058 号

三曹诗文译注与鉴赏　曹丕卷
SANCAO SHIWEN YIZHU YU JIANSHANG CAOPI JUAN

曹文益　编著

责任编辑:肖　琴　李　莉　　　　　　　　责任印制:董　亮
装帧设计:陈　爽

出版发行:安徽人民出版社 http://www.ahpeople.com
地　　址:合肥市政务文化新区翡翠路 1118 号出版传媒广场八楼
邮　　编:230071
电　　话:0551 - 63533259
印　　制:安徽联众印刷有限公司

开本:710mm×1010mm　　　1/16　　　印张:9.5　　　字数:95 千
版次:2025 年 1 月第 1 版　　　　　　　2025 年 1 月第 1 次印刷

ISBN 978 - 7 - 212 - 11760 - 3　　　　　　定价:38.00 元

序　言

　　东汉末年，天下大乱。汉灵帝死，何太后临朝，何太后弟大将军何进把持朝政。为了争夺朝廷的控制权，外戚和宦官两大集团互相倾轧，殊死搏斗。外戚和宦官集团两败俱伤后，军阀董卓乘机把持了朝政。董卓专权，强迫洛阳地区百万以上人民迁往长安，洛阳二百里以内官房民居全部被烧光，沿路无数人死亡。以董卓为首的豪强占据洛阳以西的地区，以袁绍为首的豪强占据洛阳以东的地区，其他大大小小的豪强也割据一方，各种势力相互间展开了旷日持久的厮杀。与此同时，无法生存的百姓被迫揭竿而起，大大小小的起义数十起。黄巾军声势最大，其中一支有数十万人。军阀豪强又对起义军展开残酷镇压。赤壁之战前的差不多二十年，中国境内，特别是黄河流域战乱频繁，民不聊生。两汉四百年积累起来的财富丧失殆尽，生产受到极大的破坏，人民陷入深重的灾难。华夏大地，"出门无所见，白骨蔽平原"（东汉·王粲《七哀》）。

"国家不幸诗家幸。"(清·赵翼《题遗山诗》)乱世出英雄,乱世也出诗人。东汉末年,文士被时代的风云裹挟,不得不脱离原有的人生轨迹,寻找新的人生道路。一些文士以手中的笔写诗作赋,描写动荡的时代,抒发悲愤的情绪,表达宏伟的理想。而社会的巨大变动亦引起了社会意识形态的变化。汉武帝以后罢黜百家、独尊儒术的局面开始动摇,名、法、兵、纵横家各派思想有不同程度的发展,文化思想界呈现自由开放的趋势,这些新气象为有时代特色、有生命力的文学作品的出现提供了条件。

东汉末年建安时期是中国文学发展的重要时期,由于社会变动和社会思想的变化,建安文学呈现百花齐放的崭新面貌。这一时期的文学以魏国为主,吴、蜀有影响的作家和作品很少。曹操是汉末杰出的政治家、军事家和文学家,凭借他的地位,"外定武功,内兴文学"(晋·陈寿《三国志·荀彧》注引《彧别传》)。曹操广泛地招揽文士,"建安七子",除年岁较高、政治观点和曹操不合的孔融之外,王粲、陈琳等六人都集合在曹操的麾下。他们在政治上是曹氏父子的幕僚,在文学上是曹氏父子的文友。他们都有一定的抱负,希望依靠曹氏父子干一番事业。他们的作品反映了动乱的社会现实,表达了建功立业的理想,具有鲜明的时代特色,在建安文学中占有一定的位置。与"七子"齐名的女诗人蔡琰,即蔡文姬,在南匈奴滞留十二年,为胡人妻,被曹操赎回,回国后嫁董祀。蔡琰有《悲愤诗》等作品问世。

文学的发展,除了受社会因素的影响,自身也不断进步和丰富。汉末文学基本上与儒学分开,成为一部分文士的一种专业。建安时期文士的地位有了一定提高,文学的意义受到更高的评价。当时评论作家、作品的风气盛行,文学出现了自觉的精神。文学批评又促进了文学的发展。当时的文学体裁主要是五言诗、赋和散文。建安文士的五言诗是在民谣和东汉乐府的影响下产生和发展的。东汉文人的五言诗,譬如《古诗十九首》对建安文士的影响也不小。建安五言诗文质并茂,呈现了"五言腾踊"(南朝·刘勰《文心雕龙·明诗》)的新局面。建安时期的赋也有很大进步。建安文士厌弃铺张堆砌的大赋体,别创了抒情小赋。这种新赋体语言清新,篇幅短小,用典较少,极富抒情意味,在汉赋外另辟新的境界。建安散文摆脱了以歌颂帝王功德为目的的俗套,写实在的事,抒真挚的情。即便是令、表和书信,也运用抒情、叙事或议论,自由通脱,生动活泼。

建安时期的作品深刻地反映了社会的动乱、民众的苦难和军旅生活的艰辛,歌唱了统一天下的理想和抱负,抒发了建功立业、扬名后世的积极进取的精神,流露了人生短暂、壮志难酬的悲愤情绪,具有鲜明的时代特征。《文心雕龙·时序》称建安作品:"雅好慷慨,良由世积乱离,风衰俗怨,并志深而笔长,故梗概而多气也。"建安文学这种慷慨悲凉、雄健深沉的风格,被后世称为"建安风骨"。建安时期是文学的新时代,建安文学是中国文学史上第一次由文人掀起的诗歌高潮,对后世文学的发展影响深远。李白、杜甫都欣赏并取法建安风骨,建安风骨成为影响盛唐文学发展的重要力量。

建安文学作家，数以百计，最杰出的有"三曹""七子"和蔡琰，其中领军人物是"三曹"，即曹操和其子曹丕、曹植。"三曹"不仅是建安文学的倡导者和组织者，而且自身也是优秀的作家。他们作品的风格体现了建安风骨的全部内涵。现存的建安时期的诗赋有三百多篇，其中"三曹"作品约占一半，阅读和研究建安作品，"三曹"作品应是重要部分。

曹丕（187—226），字子桓，曹操次子。曹丕幼时聪明好学，常被曹操带在身边，深受曹操的熏陶。曹操即使在军中也手不释卷，每当早晚曹丕去他那里问安时，曹操总是一边看书，一边教导他：小孩子家记性好，要多学些知识，长大了再学知识容易忘记。曹丕牢记父亲的话，很小就诵读《诗经》《论语》，"年八岁，能属文。有逸才，遂博贯古今经传诸子百家之书"（晋·陈寿《三国志·文帝纪》注引《魏书》）。曹丕幼时，不仅学文，而且酷爱习武。从五岁开始，曹操就教他学习射箭，他六岁时就掌握了射箭的要领。曹操还教他骑马，曹丕八岁时就能在马上射箭。曹操出征时，他常常随行。曹丕十岁时，曹操征荆州，到达宛城，张绣投降后又反叛，兄长曹昂、堂兄曹安民遇害，他由于会骑马得以逃脱。

曹操经过长期考察和深思熟虑，决定让曹丕继承自己的位置。建安十六年（211），曹丕升为五官中郎将、副丞相，二十二年（217）为魏太子，二十五年（220）曹操去世后嗣位为丞相、魏王。同年，曹丕代汉帝自立，在位五年七个月，史称"魏文帝"。曹丕即位后明令禁止宦官和外戚干政，行九品官人法，获得士族的拥护。曹丕效法汉文帝的无为而治，推行薄赋税、轻刑罚、禁复仇、止淫祀、罢墓祭等主张，提倡取士不受年龄限制，广泛地搜罗人才，努力做一代明君。曹丕在位期间，又平定了几次叛乱，国家得到一定的治理，社会各方面都有所发展，中国的北方比较稳定。

与政绩相比，曹丕在文学上的贡献更大，在中国历史上众多的皇帝里，他是第一个留下大量作品的。曹丕在文学上虽然略逊于曹植，但他是兄长，后来又被立为魏王太子，便成为当时的文坛领袖。建安年间，经常会看到一群才子驾着车出入魏王宫门，在孔雀台前，在西园池畔，悠游自在，一路欢声笑语。游宴是这帮文人雅士最常见的活动。觥筹交错之后，或仰天作赋，或命题吟诗，或指点江山、激扬文字，许多传世佳作就在此刻产生。曹丕经常评点友人的诗文，由于评价实事求是，深得文士的赞同。曹丕鼓励创作，说"文章经国之大业，不朽之盛事"，文士有了文章可"不假良史之辞，不托飞驰之势，而声名自传于后"（《典论·论文》）。建安文学的繁荣，固然有多种因素，但曹丕的倡导和推动功不可没。"建安七子"一词即由曹丕在《典论·论文》中最早提出，继而得到文学史家的认可。

曹丕现存的诗约四十首，特点之一是描写男女爱情的作品很多。《善哉行（有美一人）》是一首情歌，在赞美女子美丽善良、精通音律并弹奏娴熟之后写道："离鸟夕宿，在彼中洲。延颈鼓翼，悲鸣相求。眷然顾之，使我心愁。嗟尔昔人，何以忘忧？"诗中以孤鸟夜宿悲鸣为比兴，诉说不能忘怀的相思之苦。《钓竿行》则是写一个少妇对丈夫的思念："东越河济水，遥望大海涯。钓竿何珊珊，鱼尾何簁簁。行路之好者，芳饵欲何为？"少妇走出家门去寻夫，无论路人怎么诱惑、挑逗也不能动摇她对丈夫的忠贞之情。建安时期，文坛有一种风气，文士热衷于为遭难的女子写代言诗。《寡妇诗》是曹丕作的一首代言诗。诗中细描长夜思夫之痛："妾心感兮怅惘，白日急兮西颓。守长夜兮思君，魂一夕兮九乖。怅延伫兮仰视，星月随兮天回。徒引领兮入房，窃自怜兮孤栖。"寡妇长夜难熬，思夫痛苦到灵魂多次离开身体。长夜漫漫，度夜如年。曹丕这些爱情题材的诗，不仅写得多，而且写得非常好，语言浅显清丽，把缠绵悱恻的相思之情细致委婉地表达出来了。

曹丕诗的另一特点是，语言表达大都不加雕饰，自然明白，十分民歌化。民歌化，是建安文士诗作的共同特点，曹丕的诗在这方面尤为突出。曹丕和同时代的诗人在诗歌创作上主要受汉乐府诗和东汉文人诗的影响。汉乐府民歌的语言多半是口语，浅显易懂。东汉文人的诗，如《古诗十九首》，无论在语言风格上，还是在比兴手法方面，都深受汉乐府民歌的影响。建安文人受这两方面的熏陶，诗歌风格自然趋向民歌化。曹丕的诗大都取材于男女爱情和"闾里小事"，诗歌创作是缘事而发，运用民歌化的通俗语言，更易一吐为快。曹丕《善哉行（上山采薇）》写道："上山采薇，薄暮苦饥。溪谷多风，霜露沾衣。野雉群雊，猿猴相追。还望故乡，郁何垒垒！高山有崖，林木有枝。忧来无方，人莫之知。人生如寄，多忧何为？"这是写妇人思念客游他乡丈夫的诗。这里引用了诗的前面部分，妇人想象丈夫所处的环境，秋风萧瑟，满目凄凉，表达了对丈夫的担忧之情。语言接近口语，浅显清丽，非常民歌化。曹丕诗一半以上是乐府诗，不但所写的乐府诗趋向民歌化，而且非乐府诗的文人诗也十分民歌化，《清河作》就是很好的例子。这首诗的后半部分写道："心伤安所念？但愿恩情深。愿为晨风鸟，双飞翔北林。"语言明白如话，形象生动，感人至深。

曹丕的诗还有一个特点，即句式多样。看得出曹丕是有意识地对各种形式的诗歌都进行了尝试。上面提到的《善哉行》二首是四言，《钓竿行》是五言，《寡妇诗》是六言。《陌上桑》有三言、四言、五言、七言，语调悲凉，句式参差，错落有致，"奇调、奇思、奇语，无所不有"（明·钟惺、明·谭元春合编《古诗归》卷七）。《大墙上蒿行》是一首劝隐士出仕的诗，全诗长句很多，七言、八言、九言都有，跌宕起伏，气势磅礴，为后世诗人写长句长篇提供了范本。曹丕诗成就最高的还是五言诗和七言诗。五言诗是建安诗作普遍的新形式，曹丕诗中五言诗最多，写得也比较好。曹丕的《燕歌行》可以说是现存最早的完整的七言诗。《燕歌行》诗二首，第一首写一个妇人对客游丈夫的思念，是言情诗的名作。由于历代文人对这首诗评价很高，也提高了后人对曹丕七言诗的评价。曹丕之后，七言诗逐渐成为诗歌的重要体裁。

曹丕的赋现存约三十篇。赋兼有韵文和散文的特点。汉赋继承了楚辞风格，采用散文手法，以铺陈事物见长，因篇幅宏大，称为"大赋"。东汉后期出现了篇幅较短的"小赋"。曹丕的赋全是小赋，不仅篇幅短小，而且语言浅显，少用典故，具有浓厚的抒情成分。

　　曹丕的散文也写得好，著有《典论》一书。遗憾的是《典论》里的大部分文章都已散佚，现存较完整的只有《自叙》和《论文》两篇。《自叙》是一篇自传性质的文章，记叙自己成长的经历和所读诗书，内容涉及学习、骑射、狩猎、击剑、弹棋等生活小事，记叙细致、真切，对于了解和研究曹丕的生平和创作有一定的意义。《论文》主要内容是论文章，实际上是在论文学。文中论述了"文本同而末异""文以气为主"和文章是"经国之大业，不朽之盛事"等文学观点。《论文》是中国文学批评史上第一篇文学专论，其内容无论是对当时文人的评价，还是对文学观点的阐述，都十分简明而中肯。

　　曹丕喜欢交朋友，给友人的书信是他散文作品的重要部分。本书所选的《与吴质书》是其代表作。这篇文章写对建安诸子去世的悲痛、对诸子文章的评价及对他们的总体评价，感叹时光飞逝，表达了要珍惜光阴的决心。该文重点是评价建安诸子的文章，是文学批评的名作。这篇散文文情并茂、凄楚感人，对后世短篇抒情散文的发展有一定的影响。曹丕的这些散文不仅表现了建安散文自然通脱的共有倾向，还具备特有的清丽的品质。

目 录
CONTENTS

诗选

短歌行①

仰瞻帷幕，俯察几筵。②

其物如故，其人不存。③

神灵倏忽，弃我遐迁。④

靡瞻靡恃，泣涕涟涟。⑤

呦呦游鹿，草草鸣麑。⑥

翩翩飞鸟，挟子巢栖。⑦

我独孤茕，怀此百离。⑧

忧心孔疚，莫我能知。⑨

人亦有言，忧令人老。⑩

嗟我白发，生一何早！⑪

长吟永叹，怀我圣考。⑫

曰"仁者寿"，胡不是保？⑬

【译注】

①乐府诗题，属《相和歌辞·平调曲》。

②〔仰瞻（zhān）帷幕，俯察几（jī）筵（yán）。〕仰视床上帷帐，俯看小桌竹席。瞻，往前或往上看。帷幕，帷帐，在旁曰帷，在上曰幕。几，矮或小的桌子。筵，竹席，坐具，古人席地而坐时铺的席。

③〔其物如故，其人不存。〕器物依然一样，物主已经不在。其物，屋内的器物。

④〔神灵倏（shū）忽，弃我遐（xiá）迁。〕父亲速为神灵，抛弃我等远去。神灵倏忽，指父亲转眼去世。神灵，此处指灵魂。倏忽，忽然。遐迁，远迁，远去。

⑤〔靡（mǐ）瞻靡（mǐ）恃，泣涕涟涟。〕没有依没有靠，眼泪流淌涟涟。靡瞻靡恃，语出《诗经·小雅·小弁》："靡瞻匪父，靡依匪母。"靡瞻，不能仰视。靡，没有。靡恃，没有依靠。

⑥〔呦呦（yōu yōu）游鹿，草草鸣麑（ní）。〕游鹿呦呦鸣叫，心忧轻唤幼鹿。呦呦，鹿的叫声。草草，担忧的样子。《诗经·小雅·巷伯》："骄人好好，劳人草草。"麑：小鹿。

⑦〔翩翩（piān piān）飞鸟，挟子巢栖。〕鸟儿轻快飞翔，携子窝里栖息。翩翩，形容轻快地飞。巢，鸟窝。栖，停息。

⑧〔我独孤茕（qióng），怀此百离。〕独我孤苦伶仃，

心里充满忧愁。孤茕，孤独，无依无靠。百离，许多忧愁。离，通"罹"，忧患。

⑨〔忧心孔疚（jiù），莫我能知。〕忧心之苦多深，无人能够知我。孔疚，非常难过，很痛苦。莫我能知，莫能知我，没有人能够了解我。《诗经·小雅·采薇》："忧心孔疚，我行不来。""我心伤悲，莫知我哀。"

⑩〔人亦有言，忧令人老。〕民间也有俗语，忧愁使人衰老。令，使得。

⑪〔嗟（jiē）我白发，生一何早！〕感叹我有白发，生得实在太早！嗟，叹息，感叹。曹操去世时，曹丕虚三十四岁，已生白发，故有此叹息。

⑫〔长吟永叹，怀我圣考。〕长久呻吟叹息，怀念我的先父。圣考，指曹操。圣，最崇高的，表示尊敬。考，父死称考。《礼记·曲礼》："生曰'父'……死曰'考'。"

⑬〔曰"仁者寿"，胡不是保？〕古语仁者长寿，为何父寿不高？仁者寿，语出《论语·雍也》，意为有德行的人长寿。寿，长寿。胡不是保，为什么不保佑父王长寿。胡，为何，为什么。不是保，倒装结构，即"不保是"。是，指代曹操能长寿这件事。

【鉴赏】

东汉建安二十五年（220）正月，曹操去世。父亲去世前写了《遗令》，对葬礼作了具体交代。在铜雀台正堂之上安放一张六尺长的床，挂上帷幕，早晚供上肉干和干饭之类的祭品。每月初一、十五两天，从早到晚在灵帐前表演歌舞。据南朝人王僧虔在《技录》里说，曹操去世，曹丕十分悲痛，写了乐府诗《短歌行》亲自抚筝和歌，表达自己对父王的无限哀思。

这首诗可分为三个部分。开始四句为第一部分，写物在人亡之痛。"仰瞻"二句，上看帷幕，下看几筵，产生伤感。"其物"二句突出物在人亡，更加伤感。"神灵"十六句为第二部分，写丧父后的孤苦和悲痛。"神灵"四句写亲去无"瞻恃"。亲人已逝，再也看不到，再也无依靠，所以"泣涕涟涟"。"呦呦"四句写由鹿和飞鸟引起的伤感。麑鹿有老鹿的呼唤，雏鸟有大鸟的呵护，父王已去，自己再也没人保护了。"我独"四句写孤独之忧无人能知。自己的忧伤多且深，有什么人能知道？"人亦"四句写自己由忧到早衰。忧愁使人衰老，感叹自己的白发生得太早。这一部分是全诗的核心部分，从不同的角度，淋漓尽致地诉说自己失去亲人的苦闷悲伤的心情。"长吟"四句为第三部分，写痛感父亲死得太早。"长吟永叹"表示感情强烈，"胡不是保"，用反问表达更加强烈的感情。

这首诗之所以感人，首先是诗人的感情真挚。诗人写自己的悲痛，从细节处着笔，写进入灵堂首先见到的是灵帐、逝者用过的小桌子、坐过的竹席子，睹物思情，令人伤感。

这样的体验，只要失去过亲人的人都有。诗人写自己的忧伤，从身体下笔，写早生华发。常识告诉人，悲伤只有到了难以忍受的程度，才会影响到身体，黑发变白发。这两处描写，由于细节真实，使人在情感上产生共鸣，从而被深深地打动。

其次是诗中成功地运用了对比，增强了诗的表现力。诗人把自己比喻为麂鹿，比喻为雏鸟。麂鹿有老鹿的呼唤，不会丢失，不会被伤害，无忧无虑地尾随其后；雏鸟被大鸟挟着，依偎在羽翼里，不愁吃，不愁冻，愉快幸福地成长。而诗人自己呢？失去了无比强大的父王保护，在那风云激荡、弱肉强食的社会，前途充满荆棘。于是诗人不由自主地羡慕起麂鹿与雏鸟，它们该是多么幸运啊！比喻形象、生动、贴切，对比反差强烈，令人震撼，感染力很强。

秋胡行①

朝与佳人期，日夕殊不来。②

嘉肴不尝，旨酒停杯。③

寄言飞鸟，告余不能。④

俯折兰英，仰结桂枝。⑤

佳人不在，结之何为？⑥

从尔何所之？乃在大海隅。⑦

灵若道言，贻尔明珠。⑧

企予望之，步立踟蹰。⑨

佳人不来，何得斯须？⑩

【译注】

①乐府诗题，属《相和歌辞·清调曲》。今存曹丕《秋胡行》三首，此诗为其中一首。

②〔朝（zhāo）与佳人期，日夕殊（shū）不来。〕佳人相约早晨见，日落黄昏竟未来。朝，早晨。佳人，美貌的女子。期，相期，相约。日夕，傍晚。殊不来，竟不来。

③〔嘉肴（yáo）不尝，旨酒停杯。〕嘉肴不肯先品尝，美酒已斟未动杯。嘉肴，佳肴，精美可口的菜肴。旨酒，美酒。

④〔寄言飞鸟，告余不能（nài）。〕烦请飞鸟捎个信，相告我已难忍耐。寄言，寄语，带信。能，通"耐"。

⑤〔俯折兰英，仰结桂枝。〕俯身折取兰草花，抬头系在桂树枝。兰英，兰花。古代习俗，男女赠送香花香草，表示爱慕之情。结，系，束。

⑥〔佳人不在，结之何为？〕相约佳人没有来，系上兰花有何用？

⑦〔从尔何所之？乃在大海隅（yú）。〕追逐佳人哪里去？就在茫茫大海边。从，追逐。尔，指佳人。之，去。乃，就。隅，角落，靠边的地方。

⑧〔灵若道言，贻（yí）尔明珠。〕海神灵若说道，送你一颗明珠。灵若，指海神。灵，神。若，海若，海神名。贻，赠送。

⑨〔企予望之，步立踟蹰（chí chú）。〕抬起脚跟看佳人，走走停停而不决。企予望之，语出《诗经·卫风·河广》："谁谓宋远？跂予望之。"企，通"跂"，抬起脚跟。予，而。步立，走走停停。步，行走。立，站立。踟蹰，一

作"踌躇",犹豫不决。

⑩〔佳人不来,何得斯须?〕佳人怎么还不来,心灵哪能挨片刻?斯须,片刻,形容时间很短。

【鉴赏】

传说春秋的时候,鲁国有一个人叫秋胡。秋胡结婚五天之后离开家门,到陈国去做官,五年后才回家。在回家的路上,秋胡见到一名年轻女子在采桑叶,此女十分美丽。秋胡上前调戏她,给她金子,此女不接受。秋胡回到家中,母亲叫他的妻子出来,原来其妻就是那个采桑的妇人。妻子怒斥秋胡调戏采桑女,是个忘恩负义、好色之徒,极度悲伤投河而死。后世以秋胡指代对爱情不专一的男子。《秋胡行》古辞就是写这个故事的,原诗已失传。曹丕此篇借古题写诗,内容与原诗无关。

为了便于赏析,可将全诗分为三个部分。开头两句为第一部分,总写对佳人的思念,相约早上见,日落还未来,全天都在企望中。第二部分为中间十四句,细说对佳人的思念。"嘉肴"二句写好菜好酒等佳人。思念碾压了饥渴,佳人不到,不动筷,不碰杯。"寄言"二句表达自己难以抵抗饥渴,盼望佳人快来。"俯折"二句写感情的寄托,折兰结桂,表达自己的专一。"佳人"二句反问自己,表示结桂无用,实指思念至极。"从尔"二句写追客来到大海边。佳人不一定在大海边，这是不由自主的一种行为。"灵若"二句，写希望海神赠送他一颗明珠。"企予"二句写翘首远望，似乎看到了佳人，诗人已沉浸在幻觉之中。这一部分，诗人从不同的角度写自己对佳人的思念。最后两句为第三部分，总括诗人的情思，相思煎熬，片刻难忍。

　　这首诗在表达上最大的特点是，对男女相思的描写细腻、婉约。从屋内等待佳人品佳肴美酒，到屋外寄言飞鸟传书；从住地折兰结桂，到追逐佳人于大海之边；从岸上等待佳人，到希望海中之神为佳人赠送明珠；从现实中焦急等待，到虚幻中见到佳人"步立踟蹰"。诗中男主人公不厌其烦地倾诉自己缠绵悱恻的相思之情。诗人能写得如此真实传神，一定基于他的生活体验，佳人在他的情感世界有或多或少相似的原型。

善哉行^①

上山采薇，薄暮苦饥。^②

溪谷多风，霜露沾衣。^③

野雉群雊，猿猴相追。^④

还望故乡，郁何垒垒！^⑤

高山有崖，林木有枝。^⑥

忧来无方，人莫之知。^⑦

人生如寄，多忧何为？^⑧

今我不乐，岁月如驰。^⑨

汤汤川流，中有行舟。^⑩

随波转薄，有似客游。^⑪

策我良马，被我轻裘。^⑫

载驰载驱，聊以忘忧。^⑬

【译注】

①乐府诗题，属《相和歌辞·瑟调曲》。现存古辞有《来日大难》篇，写宴会上宾客赠答。曹丕用此题作诗两首，这一首写客游怀乡之情。

②〔上山采薇（wēi），薄暮苦饥。〕上山采巢菜，傍晚腹中饥。薇，古书里指巢菜，又名野豌豆，蔓生，茎叶似小豆，可食。《诗经·小雅·采薇》："采薇采薇，薇亦作止。"薄暮，傍晚。薄，靠近。

③〔溪谷多风，霜露沾衣。〕溪谷多有风，霜露湿衣裳。沾，浸湿。

④〔野雉（zhì）群雊（gòu），猿猴相追。〕野鸡群鸣叫，猿猴相追逐。雉，野鸡。雊，雄性野鸡求偶鸣叫。

⑤〔还望故乡，郁何垒垒（lěi lěi）！〕回首望故乡，山高林木深。还望，回头看。郁何，何郁，形容树木茂密。何，多么。垒垒，重叠。

⑥〔高山有崖，林木有枝。〕高山有悬崖，林木有枝丫。崖，山石或高地陡立的侧面。

⑦〔忧来无方，人莫之知。〕忧愁无方向，没人能知晓。无方，没有方向，没有定处。人莫，莫人，没有人。之知，知之。

⑧〔人生如寄，多忧何为？〕人生如寄居，多忧为什么？寄，寄居。

⑨〔今我不乐，岁月如驰。〕现在我不快乐，岁月也在

飞逝。今我不乐，语出《诗经·唐风·蟋蟀》："今我不乐，日月其除。"驰，奔驰，很快流逝。

⑩〔汤汤（shāng shāng）川流，中有行舟。〕河水大又急，其中有行舟。汤汤，水大且流得很快的样子。

⑪〔随波转薄（bó），有似客游。〕随波旋又停，好似客在游。转薄，旋回停止。薄，通"泊"，停止。

⑫〔策我良马，被（pī）我轻裘（qiú）。〕鞭策我那良马，披上轻柔皮衣。策，用鞭子赶。被，通"披"，覆盖。

⑬〔载驰载驱，聊以忘忧。〕放马前驰驱，姑且忘忧愁。载驰载驱，语出《诗经·鄘风·载驰》："载驰载驱，归唁卫侯。"载，语气助词。聊，姑且。

【鉴赏】

南朝梁昭明太子萧统编的《文选》是我国现存最早的文学总集，收录了自秦至梁的各体诗文名篇。《文选》收曹丕乐府诗两篇，这首诗是其中一篇。历代许多文人对该诗都有评价。元末明初刘履说："此文帝因征行劳苦，感物忧伤而歌以自娱也。托言上山采薇，既不足以疗饥，而徒为风霜所侵。且物之群动者尚各求其匹侣，今我何独远离所亲而劳于征役乎？于是远望故乡，则郁然垒垒者又为隔绝，使不可见，故其忧感之怀，反复兴叹而不能已焉。"（《选诗补注》卷二）明末清初王夫之说："微风远韵，映带人心于哀乐，非子桓其

孰得哉！”（《姜斋诗话》卷下）曹丕《善哉行（上山采
薇）》是公认的四言诗名作。

　　全诗二十四句，可分为两个部分。前十二句为第一部分，
写客游怀乡之忧。开始四句，直叙客游之苦，寓情于写景记
事之中，以下比兴都由此发端。“野雉”四句就野鸡、猿猴
自由鸣叫追逐，反衬故乡难归之忧。以动物作比，貌似写动
物，实则写人，写人的心情。“高山”四句就眼前山、崖、
树、枝无不共见，比喻忧愁没人能知。后十二句为第二部分，
由忧转向自我慰藉。“人生”四句由“忧”字转出，写时光
稍纵即逝，行乐贵在及时。“汤汤”四句，指客游有似行舟，
却反说行舟有似客游，比喻游客生活动荡不安，居无定所。
反说妙趣横生，更加形象生动。“策我”四句写如何“聊以
忘忧”，策马奔驰，以动忘忧。

　　清人陈祚明对诗中“忧来无方”一句极为欣赏，不妨引
来共同分享：“‘忧来无方’，言忧始深。意中有一事可忧，
便能举以示人，忧有域也。惟不能示人之忧，戚戚自知，究
乃并己亦不自知其何故，耳触目接，无非感伤，是之谓‘无
方’。非‘无方’二字不能写之。”（《采菽堂古诗选》卷五）

　　陈祚明是说诗人的忧伤是一种莫名的忧伤，不知道为什
么忧伤，也不知道为谁忧伤。这种忧伤实际上是一种精神状
态，是一种心境，是长期的生活压力使然。这种忧伤，带有
身心俱疲之感。其激烈程度，比某单个事件引起的忧伤要轻，
但其浓度，其绵长，胜过许多单个事件产生的忧伤。这种忧

伤，对人的伤害，超过许多单个事件引起的忧伤。单个事件引起的忧伤，可以向人诉说，诉说能减压，能减忧。而这种忧伤道不明，言不尽，剪不断，理还乱，"非'无方'二字不能写之"。可见"无方"之忧，忧莫能比！曹丕能在诗中对这种忧伤加以概括和描绘，首先因为他有这种生活体验。没有生活体验的人，绝对没有这种情感发现。作者既要有生活体验，又要有文学功力，否则不能诉诸笔端。曹丕生活在文学之家，自身又有极高的文学禀赋，所以在不经意之中挖掘得这么深，写出令人惊叹的诗句。

善哉行^①

有美一人，婉如清扬。^②

妍姿巧笑，和媚心肠。^③

知音识曲，善为乐方。^④

哀弦微妙，清气含芳。^⑤

流郑激楚，度宫中商。^⑥

感心动耳，绮丽难忘。^⑦

离鸟夕宿，在彼中洲。^⑧

延颈鼓翼，悲鸣相求。^⑨

眷然顾之，使我心愁。^⑩

嗟尔昔人，何以忘忧？^⑪

【译注】

①乐府诗题，属《相和歌辞·瑟调曲》。曹丕用此题作

诗两首，这一首是情诗。

②〔有美一人，婉如清扬。〕有一美丽的女子，貌美目清而眉秀。婉如，婉然，柔美貌。清扬，眉清目秀。清，形容目美。扬，形容眉美。《诗经·郑风·野有蔓草》："有美一人，婉如清扬。邂逅相遇，与子偕臧。"

③〔妍（yán）姿巧笑，和媚心肠。〕婀娜多姿娇美笑，温柔妩媚又善良。妍，美丽。巧笑，娇美的笑貌。《诗经·卫风·硕人》："巧笑倩兮，美目盼兮。"和媚，温柔妩媚。心肠，心性，心地。这里指心肠好，为人善良。

④〔知音识曲，善为乐方。〕通晓音律识曲谱，精通演奏之技巧。善为乐方，指精通乐器演奏方法。

⑤〔哀弦微妙，清气含芳。〕动人弦声多微妙，一股清气含芬芳。哀弦，动人的弦声。清气含芳，乐声清新，有如含有芬芳的香味。

⑥〔流郑激楚，度宫中商。〕郑声激昂又凄楚，宫、商音律均合拍。流郑，指春秋时期郑国的音乐，郑声为当时的流行音乐。激楚，声音高亢凄清。《楚辞》宋玉《招魂》："宫庭震惊，发《激楚》些。"度、中，相合。宫、商，均属古代五声音阶。从宫音到羽音，依次为宫、商、角、徵、羽。

⑦〔感心动耳，绮（qǐ）丽难忘。〕感动心灵且悦耳，绮丽曲声实难忘。绮丽，鲜艳美丽。

⑧〔离鸟夕宿，在彼中洲。〕孤鸟黄昏寻宿处，在那水中小岛上。离鸟，离群的鸟，孤单的鸟。中洲，洲中。

⑨〔延颈鼓翼，悲鸣相求。〕伸长脖子振翅膀，悲哀鸣叫而相求。延颈，伸长脖子。鼓翼，振翅。

⑩〔眷（juàn）然顾之，使我心愁。〕恋恋不舍看着她，使我心中生忧愁。眷然，依恋的样子。顾，回头看，泛指看。

⑪〔嗟尔昔人，何以忘忧？〕感叹从前如我者，怎么能够忘忧愁？嗟，感叹，叹息。尔，语气助词。昔人，古人，前人，指从前如同诗人一样欣赏美女演奏的人。

【鉴赏】

曹丕生活的惬意时期是在建安十三年（208）赤壁之战之后。此时，曹操已统一了北方，魏、蜀、吴三分天下的局面已经形成，曹丕在相对安定的环境里，相继过着贵公子、王太子和帝王的优裕的生活。因此，他的诗歌创作描写男女爱情和游子思妇的题材比较多。由于诗人有很好的文学素养，加之此时正值青年时期，对异性的追求有切身的体验，这类题材的诗歌写得比较好，受到历代文人的好评。这首《善哉行》是一首情诗，写诗人对一位美丽善良、精通音律、乐器演奏娴熟的女子的赞美和思念之情。曹丕本人也爱好音乐，且造诣颇深，所以该诗写得栩栩如生、出神入化。

全诗可分为两个部分。第一部分为前十二句，写女子的容姿和演奏技艺。"有美"四句描写女子的容姿，整体形象温婉如玉，细看眉清目秀，笑起来很娇美，给人感觉妩媚而善良。"知音"八句写女子的音乐素养和演奏技巧。"知音识曲，善为乐方"，写女子的音乐素养极好。"哀弦微妙，清气含芳"，写女子弹奏的曲调传神，具有很强的感染力。"流郑激楚，度宫中商"，写乐声激昂凄楚，合乎旋律。"感心动耳，绮丽难忘"，写演奏的效果十分打动人，给人的印象十分深刻。后八句为第二部分，写诗人对女子难以忘怀的忧愁。"离鸟"四句以孤鸟夕宿悲鸣兴比，诉说思念之苦，并引出下面四句。"眷然"四句感叹对美人难以忘怀。

这首诗在手法上有两个显著的特点。其一，运用了比兴的手法。比者，以彼物比此物；兴者，先说他物以引起所咏之辞。比兴是中国诗歌传统的表现手法。此诗"离鸟"四句写离群的孤鸟落在水中的小岛上，"延颈鼓翼，悲鸣相求"，求偶之苦，令人感伤。以孤鸟求偶的凄苦，比喻诗人对美人难以忘怀的忧愁，形象、生动。以此为兴，接着直抒胸臆，使难以忘忧的强烈感情达到顶点。

其二，运用了通感的表现手法。通感是修辞格的一种，用描写一类感觉的语句来描写另一类感觉，沟通了两类感觉，造成了表达上的生动性和新奇感。"哀弦微妙，清气含芳。"前四字写琴弦之声微妙，是描写听觉的感受。后四字是说，乐曲清新，如同花香，芬芳怡人，是描写味觉的感受。曲声宛如鲜花的香气扑鼻而来，该是多么美妙的境界啊！

钓竿行①

东越河济水，遥望大海涯。②

钓竿何珊珊，鱼尾何簁簁。③

行路之好者，芳饵欲何为？④

【译注】

①乐府诗题，《乐府诗集》收于《鼓吹曲辞》。古辞已亡佚。曹丕用旧题作诗，主旨相同，写妻子对丈夫的坚贞爱情。

②〔东越河济（jǐ）水，遥望大海涯（yá）。〕东越黄河与济水，举目远望大海边。河济水，指黄河与济水。海涯，海滨，海边。

③〔钓竿何珊珊，鱼尾何簁簁（xǐ xǐ）。〕钓竿水面缓缓动，鱼儿啪啪甩着尾。珊珊，缓慢移动的样子。簁簁，鱼跃掉尾声。此处套用汉乐府《白头吟》"竹竿何袅袅，鱼尾何

筵筵"。

④〔行路之好（hào）者，芳饵（ěr）欲何为？〕爱慕少妇的行路人，投下芳饵又有何用？好，喜爱，喜欢。饵，钓鱼时用来引诱鱼儿上钩的食物。

【鉴赏】

曹丕这首《钓竿行》与乐府古辞内容不同，主题一致，都是歌颂爱情的诗。由于古辞不存，原诗准确内容不得而知，但从西晋崔豹的《古今注》可间接知道故事梗概。《古今注》："《钓竿》，伯常子妻所作也。伯常子避仇河滨，为渔父，其妻思之，每至河侧，作《钓竿》之歌。"曹丕这首诗内容有很大的突破，不是写少妇在家等待丈夫归来，也不是写少妇在河边歌咏相思之苦，而是写她大胆地走出家门，在茫茫的世界里寻夫。诗人巧妙地选择了一个生活侧面，少妇拒绝了行路人的追求，从而表现了少妇对爱情的忠贞。这个动人的场面，虽是寥寥几笔，却如同一幅速写画，惟妙惟肖地勾勒出一位对爱情忠贞不贰的少妇形象。

在交通十分闭塞的古代，普通人出行只能靠步行。一个少妇，跋山涉水去寻夫，谈何容易！然而，水再深，路再险，也阻挡不了少妇寻夫的急迫心情。"东越河济水，遥望大海涯。"跨过波涛汹涌的黄河和济水，一直奔向可以遥望大海的海滨。除了远行的劳累、腹中的饥渴、投宿的困难，还有很难克服的干扰，即异性的追求。"钓竿何珊珊，鱼尾何簁簁。"这一路走来，该遇见多少行人啊！很多人见到这妙龄女郎都驻足凝视，青年男子表示爱慕之心也是人之常情。然而名花有主，无论他人怎么挑逗，都无法撼动少妇的芳心。究竟异性怎样追求、少妇如何拒绝，诗人没有明写，但这两句比喻涵盖无比丰富的内容。读者联系自己对生活的观察和阅读的文学著作，展开想象的翅膀，去设想钓竿如何"珊珊"，鱼尾如何"簁簁"。这就是诗的语言，这就是诗的艺术魅力。青年男性追求青年女性，本也无可厚非，但其行为不能超越民风民俗。女性，尤其是少妇，必须把持住自己，不要使对方产生非分之想。诗中的少妇，作为有夫之妇，更是明确拒绝对方，不让对方越雷池一步。"行路之好者，芳饵欲何为？"这个少妇行为检点且自律，清清楚楚地告诉对方，你无论采取什么方法都是徒劳的。这样既保持了自尊，也不伤害对方的自尊。这样有修养的美丽少妇，难道不更加光彩照人，更加令人尊重吗？

"钓竿何珊珊，鱼尾何簁簁。"用鱼儿摆尾不上钩比喻少妇拒绝行路人的追求，并引出下面的诗句，在修辞格里称为"比兴"。比兴是中国古代诗歌中常用的表现手法。这两句是此诗的诗眼，表现力最强，最能开拓旨意。如果抽去这两句，该诗就索然无味。清代朱乾十分欣赏这两句诗，他评道："言所挟非所求也，渊深而鱼藏，行路之好，是陆地求鱼，犹孟子所谓'缘木'也。虽有芳饵，意何所为。"（《乐府正义》

卷三）爱慕少妇的行路人，无论怎样示爱，都是陆地求鱼，可见少妇对爱情的忠贞。

十　五①

登山而远望，溪谷多所有。②
楩楠千余尺，众草芝盛茂。③
华叶耀人目，五色难可纪。④
雉雊山鸡鸣，虎啸谷风起。⑤
号罴当我道，狂顾动牙齿。⑥

【译注】

①乐府诗题，属《相和歌辞·相和曲》。旧辞未存。

②〔登山而远望，溪谷多所有。〕登上高山而远望，山谷草木种类多。溪谷，山谷。多所有，有很多草木。

③〔楩（pián）楠（nán）千余尺，众草芝盛茂。〕黄楩楠木千余尺，百草之中灵芝盛。楩楠，楩木和楠木，均为乔木。芝，菌类植物，灵芝，古人称其为瑞草。

④〔华叶耀人目，五色难可纪。〕花叶艳丽耀人眼，五光十色难辨认。华叶，花叶。华，同"花"。难可纪，难记住，难辨认。纪，同"记"。

⑤〔雉雊山鸡鸣，虎啸谷风起。〕野鸡求偶山鸡叫，虎啸山谷风声起。雉，野鸡。雊，雄性野鸡求偶鸣叫。

⑥〔号罴（pí）当我道，狂顾动牙齿。〕罴熊号叫挡我道，疯狂怒视磨牙齿。号罴，号叫的罴熊。罴，熊的一种。当，遮拦，阻挡。顾，泛指看。动牙齿，磨牙齿。

【鉴赏】

这是一首优美的游山诗，可分为三个部分。"登山"二句为第一部分，写登山远眺，纵览山中景物。视野为"溪谷"，所见"多所有"，山谷之中有各种各样的植物、动物。"梗楠"四句为第二部分，写树木花草。记叙的顺序，由点到面。"点"上写了两种树和一种草。黄梗木和楠木，高达千余尺，这里用夸张的笔法形容树木高大。这两种树都是稀罕的名贵树，长得又这么高大，更是珍贵难得。草为灵芝，古人视之为祥瑞之草。贵木下有瑞草，可见山谷中处处是宝。"面"上写了各种植物的花与叶。花儿、叶儿都鲜艳滋润，光亮夺目，五颜六色使人目不暇接，且品种繁多，让人难以一一记住。"雉雊"四句为第三部分，写飞禽走兽。记叙的顺序，由小到大，由飞禽到走兽。此处飞禽写了野鸡和山鸡求偶鸣叫，走兽写了虎啸熊怒。万类山中竞自由！这首游山诗是一幅动态的画，有声有色，有动有静，有浓有淡，五彩斑斓，生机勃勃！

清代朱乾评论这首诗说："此魏文从军，即其行役道路所经见而兴慨也。古辞有《十五从军征》诗，疑即此《十五》，而魏文拟之也。"（《乐府正义》卷五）魏文，即魏文帝曹丕。朱乾认为，这首诗不是一般的游山诗，是写从军途中的见闻。朱乾又说："《水经注》：'魏文帝猎于大石山，虎超乘舆，孙礼拔剑投虎于是山。山在洛阳南。'乾按：溪谷所有梗楠芝草，以比国家富庶。雉雏鸡鸣虎啸，以比谗党比周。操继室卞氏生四子：丕、彰、植、熊。植性机警，多艺能，才藻敏赡，操爱之。丁仪、丁廙、杨修数称植才，劝操立以为嗣。此诗所指雉雏鸡鸣，则仪、廙之属；虎啸风起，则植也。"（《乐府正义》卷五）朱乾认为，诗中树木、众草、飞禽、走兽不是一般的景物，多有所指，被赋予丰富的社会意义。

燕歌行①

秋风萧瑟天气凉,草木摇落露为霜。②
群燕辞归鹄南翔,念君客游多思肠。③
慊慊思归恋故乡,君何淹留寄他方?④
贱妾茕茕守空房,忧来思君不敢忘。⑤
不觉泪下沾衣裳,援琴鸣弦发清商。⑥
短歌微吟不能长,明月皎皎照我床。⑦
星汉西流夜未央,牵牛织女遥相望。⑧
尔独何辜限河梁?⑨

【译注】

①乐府诗题,属《相和歌辞·平调曲》。燕,地名。诗
题上冠以地名,原本以该地声音为主,到后世声音失传,便
用来歌咏各地的风土。燕位于北方,古代此地区征战不断。

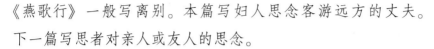

《燕歌行》一般写离别。本篇写妇人思念客游远方的丈夫。
下一篇写思者对亲人或友人的思念。

②〔秋风萧瑟（sè）天气凉，草木摇落露为霜。〕秋风
萧瑟天气已转凉，草木凋零露水变白霜。摇落，凋谢零落。
《楚辞·九辩》：“萧瑟兮草木摇落而变衰。”

③〔群燕辞归鹄（hú）南翔，念君客游多思肠。〕群燕
回归天鹅向南飞，念君客游多愁思断肠。鹄，天鹅。念君，
考虑你，想你。念，思念。客游，在外寄居或游历。多思肠，
一作“思断肠”。

④〔慊慊（qiàn qiàn）思归恋故乡，君何淹留寄他方？〕
怨恨你想家恋故乡，又为何久留居他乡？慊慊，怨恨，遗憾。
淹留，久留。

⑤〔贱妾茕茕守空房，忧来思君不敢忘。〕可怜你妻孤
独守空房，忧伤袭来思君不敢忘。贱妾，古代妇女谦称自己。
茕茕，孤独无依的样子。

⑥〔不觉泪下沾衣裳，援琴鸣弦发清商。〕不知不觉泪
流湿衣裳，取琴拨弦弹出曲清商。沾，浸湿。援，取。清商，
曲调名，音节短促，声音凄凉悲怆。

⑦〔短歌微吟不能长，明月皎皎照我床。〕曲调短促低
吟声不长，一轮明月皎洁照我床。短歌，音节短促的歌。微
吟，低声吟唱。不能长，清商音节短促，只能短歌低吟，不
能长歌高吟，故言“不能长”。

⑧〔星汉西流夜未央，牵牛织女遥相望。〕银河转向西

方夜未尽，牵牛、织女遥远而互望。星汉西流，指秋夜银河转向西，夜已经很深了。夜未央，夜未尽。央，尽。牵牛织女，牵牛星、织女星。传说牛郎、织女为夫妻，每年农历七月初七，喜鹊在银河上搭桥，让牛郎、织女在桥上相会。平时牛郎、织女只能隔河相望。

⑨〔尔独何辜（gū）限河梁？〕你们何罪受限于河梁？尔，指牛郎、织女。独，偏偏。何辜，何罪。一说"何辜"，何故。限河梁，限于河梁，被银河上没有桥梁所限制。

【鉴赏】

这是一首写妇人思念客游丈夫的诗。全诗可分为三个部分。开头两句为第一部分，写深秋的景象。秋风萧瑟，天气已经转凉，草木脱下了绿装，举目遍地白霜，满目凄凉的景象。此处描写为全诗作了铺垫。中间十句为第二部分，写妇人对客游丈夫的思念。"群燕"四句为第二部分第一层，写妇人担心丈夫恋家心忧和埋怨丈夫的心情。"群燕辞归鹄南翔"，比喻客游之人思归心切，同时为下面两句起兴。妇人考虑丈夫客游在外，想念亲人，想念故乡，一定肝肠寸断，十分痛苦，因此十分忧心。为什么不先写妇人对丈夫的直接思念，而是写担心丈夫对自己的思念，对故乡的思念？有至亲离别经历的人都会深谙其情。譬如儿子外出，母亲想儿子，但往往首先担心儿子想家，写信时首先说，家中一切均好，希望儿子勿念。"君何淹留寄他方？"妻子既担心丈夫过分思念自己、思念家乡，又埋怨丈夫久留他乡不归，这是思念至极的一种复杂感情。"贱妾"六句为第二部分第二层，写妇人对客游丈夫无比思念。丈夫离家之后，妻子一直孤苦地守着空房，但在苦闷忧愁中从来没有忘记自己心爱的丈夫。"不敢忘"，紧接"君何淹留寄他方"，再一次表达出自己由刻骨铭心的爱及悲恸欲绝的思念而产生的一丝怨恨之情。这种怨恨之情，不但没有削弱妇人对亲人的爱、对亲人的思念，反而更加令人同情和赞赏。"不觉"二句写妇人极度悲伤，泪水湿透了衣裳，只能取琴拨弦排遣忧愁。妇人弹琴本为排忧，结果反而感到更加忧伤。"短歌"二句写短促的琴声，哪里能表达自己的忧伤？明月朗照，夜已很深，妇人孤独地躺在床上，忧伤到什么程度，无法用言语形容。诗末三句为第三部分，写妇人对夫妻不能团聚的控诉。夜已经很深，天还未亮，由于思念夫君，怎么也不能入睡，仰望牵牛星、织女星，触景生情，更加悲凉，于是控诉道："尔独何辜限河梁？"天下有情人究竟有什么罪过要天各一方呢？这既是为牛郎、织女抱不平，也是为天下有情人不能相聚抱不平，更是为自己抱不平！

这首诗把妇人思夫的情愫放在秋夜的背景中展开，寓情于景，情景交融，把妇人缠绵悱恻的相思之情细腻委婉地表达出来，语言浅显、清丽，抒情酣畅淋漓。

这首诗是曹丕言情诗的名作，历代文人评价很高。明末清初王夫之说："倾情，倾度，倾色，倾声，古今无两。从'明月皎皎'入第七解（'星汉'两句），一径酣适，殆天授非人力。"（《姜斋诗话》卷下）对此诗评价之高，到了无以复加的地步。

这首诗有十五句，每句都是七言。在曹丕之前，只有东汉张衡的《四愁诗》是七言，但第一句带"兮"字。从存世的标准的七言诗看，曹丕这首《燕歌行》诗和下面一首《燕歌行》诗创作的时间应该是更早。曹丕这首《燕歌行》句句押韵，后世成熟的七言诗隔句押韵。曹丕对七言诗的形成是有贡献的。

燕歌行^①

别日何易会日难，山川悠远路漫漫。^②
郁陶思君未敢言，寄声浮云往不还。^③
涕零雨面毁容颜，谁能怀忧独不叹？^④
展诗清歌聊自宽，乐往哀来摧肺肝。^⑤
耿耿伏枕不能眠，披衣出户步东西。^⑥
仰看星月观云间，飞鸽晨鸣声可怜，
留连顾怀不能存。^⑦

【译注】

①乐府诗题，属《相和歌辞·平调曲》。曹丕的此篇《燕歌行》歌辞有古辞（本篇）和晋乐所奏两种。晋乐所奏多"悲风清厉秋气寒，罗帏徐动经秦轩"两句，文字也有不同。

②〔别日何易会日难，山川悠远路漫漫。〕离别多么容易相见难，山川相隔遥远路漫漫。何易，多么容易。悠远，距离很远。

③〔郁陶（táo）思君未敢言，寄声浮云往不还。〕忧思郁积想君不敢说，托付浮云传话去不回。郁陶，忧思郁积的样子。寄声，托人传话，托付心声。寄声，一作"寄书"。

④〔涕零雨面毁容颜，谁能怀忧独不叹？〕泪流如雨落面毁容颜，谁能怀忧独自不叹息？涕零，泪流。雨面，如雨落面。雨，作动词用，下雨。容颜，一作"形颜"。

⑤〔展诗清歌聊自宽，乐往哀来摧肺肝。〕展诗清唱姑且以自慰，乐往哀来其曲摧心肝。展诗清歌，展开诗篇清唱。清歌，唱歌没有乐器伴奏。自宽，自我宽慰。肺，一作"心"。

⑥〔耿耿（gěng gěng）伏枕不能眠，披衣出户步东西。〕心情烦躁伏枕不能睡，披衣出门到处去走走。耿耿，心情不安的样子。

⑦〔仰看星月观云间，飞鸧（cāng）晨鸣声可怜，留连顾怀不能存。〕仰望星星月亮看云彩，飞鸧晨鸣声凄清可怜，依恋眷顾不能自省察。仰看，一作"仰戴"。鸧，鸟名，大如鹤，青苍色，亦有灰色。鸧，一作"鸟"。留连，依恋舍不得离去。顾怀，眷顾怀念。不能存，不能省察，不能自拔。能，一作"自"。存，存思，存想，道教名词，指精思凝想、内视内观的修炼方法，这里作"省察"解。

【鉴赏】

《燕歌行》第二首也是写对人的思念之情。全诗可分为四个部分。开头两句为第一部分，写相思之由。第一句开门见山，"别日何易会日难"。"会日难"点了题。为什么"会日难"，第二句作了回答，因为和被思者之间远隔山水，路途漫漫，无法相见。"郁陶"四句为第二部分，写相思之苦。相思之苦多种多样，有的苦能说出来，有的苦说不出来，属难言之苦。有的苦可以向人倾诉，有的苦无人可以倾诉，没有倾诉对象。这位思者忧伤深重且"未敢言"，希望浮云捎个话，而浮云"往不还"，可见属于有苦说不出、有苦无处说的那种，可见其忧之深，其忧之甚。"展诗"四句为第三部分，写排解相思之忧。人有自我保护功能，人的心灵有忧必然本能地去排解。这位思者怎样排解呢？首先是"清歌"，打开诗篇，没有音乐伴奏，独自歌唱。然而，不唱则已，一唱反而带来更大的痛苦，可能歌词触到思者的痛处。无奈思者只能"伏枕"而卧，然而，心情烦躁，辗转反侧不能入睡。"清歌"不行，"伏枕"也不行，怎么办？思者只得下床"步东西"。诗人把思者坐卧不安、动静不宁的忧伤形象细腻生动地勾勒出来。"披衣"一句既属第三部分如何排忧，又兼顾过渡到第四部分。最后三句为第四部分，写排忧后更加忧伤。这一部分不是直接写思者的忧伤，而是借"飞鸧"之忧表达思者之忧。"仰看"一句写背景，星月在天，阴云翻动，这是一个凄凉的清晨，飞鸧阵阵悲鸣，"留连顾怀"不能自拔。这不就是对思者最准确的写真吗？

比较《燕歌行》两首诗，都是写相思之苦，前者写妇人对客游在外丈夫的思念，后者写思者对亲人或友人的思念。二者都写得细腻婉约、缠绵悱恻。两首诗都是七言诗初祖，都受到后人的好评，相比之下前面一首诗名气更大。如果要说出二者有什么不同，前面一首诗写妇人的忧伤程度更强烈，是一种撕心裂肺的忧伤，后面一首诗写思者的忧伤则是朦胧的忧伤。明末清初王夫之评价这首诗说："所思为何者，终篇求之不得。可性可情，乃《三百篇》之妙用，盖唯抒情在己，弗待于物，发思则虽在淫情亦如正志，物自分而己自合也。"（《姜斋诗话》卷下）由此可知思者是个性情中人，完全沉浸在思念和抒情之中。读者只要感受到思者难以言状的忧伤、领略到凄凉的语境美即可，难道还需要弄清楚思者在思念谁吗？

上留田行①

居世一何不同？上留田。②

富人食稻与粱，上留田。③

贫子食糟与糠，上留田。④

贫贱亦何伤？上留田。⑤

禄命悬在苍天，上留田。⑥

今尔叹息，将欲谁怨？上留田。⑦

【译注】

①乐府诗题，属《相和歌辞·瑟调曲》。古辞现存两首残篇，一篇见《乐府广题》（《乐府诗集》引），一篇见《文选注》。晋代崔豹《古今注·音乐》中说："上留田，地名也。其地人有父母死，兄不字其孤弟者。邻人为其弟作悲歌，以讽其兄，故曰《上留田》。"曹丕这首诗系模拟古辞而作。

每句后有"上留田"三字，此为乐曲的和声，与诗意无关。

②〔居世一何不同？上留田。〕人生在世何其不相同？上留田。居世，人生在世。一何，何其，多么。

③〔富人食稻与粱，上留田。〕富人吃的是大米与小米，上留田。粱，古代粱与粟同物异名，即谷子，去壳后叫小米。

④〔贫子食糟（zāo）与糠（kāng），上留田。〕穷人吃的是酒糟与米糠，上留田。糟，做酒剩下的渣子。糠，稻、谷子等作物籽实的皮或壳。

⑤〔贫贱亦何伤？上留田。〕贫穷低贱那是多么伤心，上留田。亦，语气助词，一作"一"。

⑥〔禄（lù）命悬在苍天，上留田。〕人生福运决定于老天，上留田。禄命，禄食命运。

⑦〔今尔叹息，将欲谁怨？上留田。〕今你叹息则要怨恨谁？上留田。尔，你。将，则。欲，想，要。怨，埋怨，怨恨。

【鉴赏】

这首诗是模拟古辞而作。《乐府》古辞和《诗经》一样，很多都是采风所得的民歌，是人民用诗歌的形式来反映自己的生活。曹丕向民歌学习，用大众表达的方式写自己对社会生活的感受。诗中首先揭示了当时人与人之间的不同，其中最主要的是吃的不同，富人吃的是细粮，穷人吃的是糟糠。

在生产力低下的社会，这是令穷人最愤愤不平的事。曹丕称帝之前，一直过着贵公子和王太子的生活，亦即富人中的富人生活，能够看到社会上人与人之间最大的差别，并将其写进诗歌，确实十分可贵，值得赞赏。由于诗人身份所限及所处时代的限制，不可能清楚揭示富人与穷人生活不同的真正原因，而是安慰说："贫贱亦何伤"，"禄命悬在苍天"。虽然结论是错误的，但亦清楚地表达了诗人对穷人的同情。诗人不仅指出人与人之间的差别是天命所定，还进一步劝慰道："今尔叹息，将欲谁怨？"诗人主观意愿虽然并不坏，但客观上有麻痹穷人的作用。

民歌是民众自己创作的诗歌，必然十分口语化。曹丕模拟民歌创作，作品也具备民歌的特点，语言浅显易懂，传达的情感容易让人产生共鸣。由于全诗采用民歌形式，而且每一句都标出"上留田"和声，今人如果能听到古人的演唱，那感受一定是歌词易懂、节奏感强，令人听来感到轻松愉悦。

黎阳作^①

朝发邺城,夕宿韩陵。^②

霖雨载涂,舆人困穷。^③

载驰载驱,沐雨栉风。^④

舍我高殿,何为泥中?^⑤

在昔周武,爰暨公旦。^⑥

载主而征,救民涂炭。^⑦

彼此一时,惟天所赞。^⑧

我独何人,能不靖乱?^⑨

【译注】

①黎阳,在今河南省浚县东。

②〔朝发邺(yè)城,夕宿韩陵。〕早晨出发于邺城,晚上住宿在韩陵。邺城,故址在今河北临漳西南邺镇一带。

韩陵，韩陵山，位于邺城东南，在今河南安阳东北，去黎阳经过这里。

③〔霖雨载（zài）涂，舆（yú）人困穷。〕连绵大雨伴一路，众人为此而困苦。霖雨，连下几天的大雨。载涂，满路，遍地。涂，同"途"。舆人，众人。

④〔载驰载驱，沐雨栉（zhì）风。〕策马疾驰向前去，雨水洗身风梳头。载，语气助词。沐雨栉风，形容饱经风雨。沐，洗涤。栉，梳子、篦子等梳头的用具，这里作动词用，梳的意思。

⑤〔舍（shě）我高殿，何为泥中？〕舍弃我那高殿宇，为何身陷泥水中？舍，放弃。高殿，指高大华丽的房屋。

⑥〔在昔周武，爰（yuán）暨（jì）公旦。〕昔日有位周武王，还有其弟叫周公。周武，周武王，文王子，名发。爰，句首语气助词。暨，及。公旦，文王子，武王弟，名旦，曾辅助武王灭纣建周王朝，武王死后，成王年幼，周公摄政。

⑦〔载主而征，救民涂炭。〕载着文王灵牌位，拯救民众涂炭中。载主而征，周武王讨伐商纣时，车上载着周文王的牌位。涂炭，烂泥和炭灰，比喻十分困苦的境遇。《史记·周本纪》："九年，武王上祭于毕。东观兵，至于盟津。为文王木主，载以车，中军。武王自称太子发，言奉文王以伐，不敢自专。"

⑧〔彼此一时，惟天所赞。〕义行之时多荣耀，苍天也要给称赞。惟，句首语气助词。

⑨〔我独何人，能不靖（jìng）乱？〕唯独我是什么人，能不平定此暴乱？独，只是，唯独。能，一作"余"。靖乱，平定暴乱。靖，一作"静"。

【鉴赏】

袁绍官渡兵败后于建安七年（202）五月忧愤而死。袁绍的三子袁尚继位，长子袁谭不服，自称车骑将军。从此袁尚、袁谭矛盾不断。建安八年（203）三月，曹操攻黎阳，大破袁谭、袁尚军。曹丕随父出征黎阳，作诗四首。此篇为第一首。这一年曹丕十七岁。

此诗可分为两个部分。前八句为第一部分，写从邺城到韩陵的行军情景。开头两句交代行军起点和终点。邺城、韩陵相距很远，朝发夕至，可见任务之紧急。"霖雨"四句具体写行军情景。连绵的大雨，道路积水，人困马乏，众将士在栉风沐雨，何等艰苦，亦何等豪迈！"舍我"二句写诗人的埋怨之情。人毕竟都是血肉之躯，在雨中急行军虽然豪迈，但极度疲劳时难免产生埋怨之情。诗人本可以在高楼亭阁里弹琴吟诗，为什么要自讨苦吃身陷泥水之中？然而曹丕不是一般的贵公子，他立即意识到这种情绪不对，于是诗情涌起波澜，引出了下面情感的抒发。后八句为第二部分，写渴望建功立业的决心。"在昔"四句写周武王、周公的业绩。周武王、周公在那么困难的环境里，"载主而征"，不辱使命，救民于涂炭之中，而自己随父王出征，天塌下来有高个子顶着，又有什么艰苦克服不了？"彼此"四句写思想的转变。武王、周公的义行，"惟天所赞"。自己是什么人？只是父王羽翼下的一介少年，没有任何功业可言，怎么能产生埋怨之情，怎么能不踊跃地参加平定袁绍余孽暴乱的战斗呢？

此诗前半部分是写景，后半部分是抒情。景物描写，生动逼真。"载驰载驱，沐雨栉风"，读后眼前立即出现一支顶风冒雨神速前行的军队。文中抒发的作者的感慨是在风雨行军中由挫败情绪产生的，有景有情，景中有情，情景互融。

黎阳作

殷殷其雷，濛濛其雨。①

我徒我车，涉此艰阻。②

遵彼洹湄，言刈其楚。③

班之中路，涂潦是御。④

辚辚大车，载低载昂。⑤

嗷嗷仆夫，载仆载僵。⑥

蒙涂冒雨，沾衣濡裳。⑦

【译注】

① 〔殷殷（yǐn yǐn）其雷，濛濛其雨。〕雷声震耳欲聋，雨势如烟雾笼罩。殷殷，象声词，雷声。《诗经·召南·殷其雷》："殷其雷，在南山之阳。"濛濛，细雨貌。《诗经·豳风·东山》："我来自东，零雨其濛。"

②〔我徒我车，涉此艰阻。〕我的士兵我的车，经此艰难与险阻。徒，指士兵。涉，经过。

③〔遵彼洹（huán）湄，言刈（yì）其楚。〕沿着那条洹水岸，去割那些牡荆树。遵，循，沿着。洹，水名，即今安阳河，经安阳流入卫河。湄，水边，岸旁。言，语气助词，无实义。刈，割。楚，灌木名，即牡荆。《诗经·周南·汉广》："翘翘错薪，言刈其楚。"

④〔班之中路，涂潦（lǎo）是御。〕遍及道路牡荆枝，马车奔驰泥水中。班之中路，（牡荆枝叶）铺遍道路。班，遍及。涂潦是御，驾着马车在积满泥水的路上行走。涂潦，道路上的积水。涂，同"途"。潦，积水。是，这。御，驾车。

⑤〔辚辚（lín lín）大车，载低载昂。〕大车辚辚地作响，忽低忽高颠簸行。辚辚，大车行进发出的声音。载低载昂，忽低忽高，指车上下颠簸。载，语气助词。

⑥〔嗷嗷（áo áo）仆夫，载仆载僵（jiāng）。〕车夫嗷嗷地喊叫，时而前跌时而后倒。嗷嗷，喊叫声。仆夫，驾车人，车夫。载仆载僵，有时前跌，有时后倒。仆，向前跌倒。僵，仰面后倒。

⑦〔蒙涂冒雨，沾衣濡（rú）裳。〕脚踏泥泞冒雨行，上下衣裳全湿透。蒙涂，在泥路上行走。涂，泥泞。濡，沾湿。

【鉴赏】

此篇是《黎阳作》的第二首，具体写行军的艰阻。

全诗十四句，可分三个部分。前四句为第一部分，总写行军的艰阻。部队在殷殷的雷声、蒙蒙的细雨中行军，可知天气条件和道路状况之差，前行必然困难重重。中间四句为第二部分，具体写路况。古代道路无论是自然形成的还是人工修建的，大都是泥土的，每当雨天，积水难见其形，步行尚且艰难，何况马车行进。于是，士兵沿着洹水岸边割下灌木牡荆枝条填路，使马车便于通过。枝条防滑，车轮可免陷深坑，但道路仍然泥泞积水，驾车通过还是困难重重。最后六句为第三部分，具体写车夫如何驾车前行。"辚辚大车"，描写马车通过的声音。"载低载昂"，描写马车忽低忽高的态势。"嗷嗷仆夫"，描写车夫驾车的吆喝声。"载仆载僵"，描写车夫驾车时的惊险姿势。"濛涂"二句写士兵冒雨行军，全身湿透。此部分描写具体细腻、形象生动。

这首诗是写行军的艰难，但诗人的笔下洋溢着无所畏惧的豪迈之情。我们不妨这样去读诗："殷殷其雷"，那是隆隆的战鼓声；"辚辚大车"，那是战车前进的咆哮声；"嗷嗷仆夫"，那是战士冲锋的呐喊声；"涂潦是御"，那是战车飞奔、所向披靡的画面；"载低载昂"，那是部队行军波澜壮阔的画面；"载仆载僵"，那是战士前赴后继、奋勇向前的画面。行军的艰辛全在诗句之外。明末清初思想家王夫之评论说："只用《毛诗》'雨雪载涂'一句，纵衡成文，伤悲之心，慰劳

之旨，皆寄文句之外。一以音响写之，此公子者，岂不允为诗圣！"（《船山古诗评选》卷二）

大墙上蒿行^①

阳春无不长成。^②草木群类，随大风起，零落若何翩翩，中心独立一何荣！^③四时舍我驱驰，今我隐约欲何为？^④人生居天地间，忽如飞鸟栖枯枝。^⑤我今隐约欲何为？^⑥

适君身体所服，何不恣君口腹所尝？^⑦冬被貂鼲温暖，夏当服绮罗轻凉。^⑧行力自苦，我将欲何为？^⑨不及君少壮之时，乘坚车，策肥马良。^⑩上有仓浪之天，今我难得久来视。^⑪下有蠕蠕之地，今我难得久来履。^⑫何不恣意遨游，从君所喜？^⑬

带我宝剑，今尔何为自低昂？^⑭悲丽平壮观，白如积雪，利若秋霜。^⑮骏犀标首，玉琢中央。^⑯帝王所服，辟除凶殃。^⑰御左右，奈何致福祥。^⑱吴之辟闾，越之步光，楚之龙泉，韩有墨阳，苗山之铤，羊头之钢，知名前代，咸自谓丽且美。⑲曾不知君剑良绮难忘。⑳

冠青云之崔嵬，纤罗为缨，饰以翠翰，既美且轻。㉑表容仪，俯仰垂光荣。㉒宋之章甫，齐之高冠，亦自谓美，盖何足观?㉓

排金铺，坐玉堂，风尘不起，天气清凉。㉔奏桓瑟，舞赵倡。㉕女娥长歌，声协宫商。㉖感心动耳，荡气回肠。㉗酌桂酒，脍鲤鲂，与佳人期为乐康。㉘前奉玉卮，为我行觞。㉙

今日乐，不可忘，乐未央。㉚为乐常苦迟，岁月逝，忽若飞。㉛何为自苦，使我心悲?㉜

【译注】

①乐府诗题，属《相和歌辞·瑟调曲》。曹丕拟古辞而作。古辞未存。

②〔阳春无不长成。〕温暖的春天里万物都茂盛。阳春，温暖的春天。长成，繁密茂盛。

③〔草木群类，随大风起，零落若何翩翩，中心独立一何茕!〕各种草木，随着秋风吹来，叶儿纷纷飘落，茎干独

立，多么孤单！中心，指草木的茎干。茕，孤单。

④〔四时舍我驱驰，今我隐约欲何为?〕光阴离我飞驰，今天我为什么还要过着隐居生活？四时，春夏秋冬，指时光。隐约，指隐居。

⑤〔人生居天地间，忽如飞鸟栖（qī）枯枝。〕人生居住在天地之间，迅速到如同飞鸟栖息在枯枝上。忽如，迅速像。忽，迅速。此处形容人生短暂，不能长久。

⑥〔我今隐约欲何为?〕今天我隐居过着穷困的生活究竟为什么？

⑦〔适君身体所服，何不恣（zì）君口腹所尝?〕为什么你不使所穿的衣服和身体相适合，放纵一下满足自己的口腹之欲？适，相称，合适。恣，放纵。

⑧〔冬被貂鼲（hún）温暖，夏当服绮罗轻凉。〕冬天披貂鼠皮衣好温暖，夏天应当穿上丝衫才轻快凉爽。被，古同"披"。貂鼲，貂和灰鼠，指貂鼲皮毛做的衣服。绮，指丝绸衣服。

⑨〔行力自苦，我将欲何为?〕出力自讨苦吃，我将有什么作为？

⑩〔不及君少壮之时，乘坚车，策肥马良。〕不如你在年轻力壮的时候，乘着坚实的车子，驾驭肥壮的骏马，过着舒适的生活。坚车，坚实的车。策肥马良，驱赶着肥壮的良马。

⑪〔上有仓浪之天，今我难得久来视。〕上有青绿的天空，现今我难得长久凝视。仓浪，青绿色。

⑫〔下有蠕蠕（rú rú）之地，今我难得久来履（lǚ）。〕下有蠕动的大地，现今我难得长久地踱步。蠕蠕，形容慢慢移动的样子。履，踩踏，行走。

⑬〔何不恣意遨游，从君所喜？〕为什么不任意遨游，按照自己的喜好行事？恣意，任意。

⑭〔带我宝剑，今尔何为自低昂？〕佩带上我的宝剑，如今宝剑为什么上下晃动？尔，指宝剑。

⑮〔悲丽平壮观，白如积雪，利若秋霜。〕啊！如此绮丽平滑而壮观，洁白得如同积雪，锋利之光似秋霜。悲，嗟叹。平，平而光滑。利，指剑锋利闪的光。

⑯〔駮（bó）犀（xī）标首，玉琢中央。〕用駮和犀牛的角做剑柄，玉石镶嵌柄中央。駮，传说中的猛兽。《尔雅·释畜》："駮，如马，倨牙，食虎豹。"标首，剑柄。

⑰〔帝王所服，辟除凶殃（yāng）。〕帝王佩带此剑，铲除凶险与祸殃。服，作动词，穿，此指佩带。

⑱〔御左右，奈何致福祥。〕用来指挥手下的大臣，可以带来幸福和吉祥。奈何，入乐时所加，与正文无关。

⑲〔吴之辟闾（lú），越之步光，楚之龙泉，韩有墨阳，苗山之铤（dìng），羊头之钢，知名前代，咸自谓丽且美。〕吴国的辟闾，越国的步光，楚国的龙泉，韩国的墨阳，苗山产的铤，羊头山产的钢，闻名于前代，都自称华丽而精美。辟闾，剑名。步光，剑名，越王勾践所佩带。龙泉，剑名，原名"龙渊"（以地名"龙渊"命名），唐时避高祖李渊讳改

"渊"为"泉"。墨阳，韩国地名，此地产剑，以地名剑。苗山，楚国地名。铤，古指铜铁矿石。羊头，山西上党壶关有羊头山。"铤"和"钢"都指代上述两地的宝刀名剑。

⑳〔曾不知君剑良绮难忘。〕竟然不知道您的剑甚为华美而难忘。曾，竟。良绮，很华美。良，甚，很。

㉑〔冠青云之崔嵬（wéi），纤罗为缨，饰以翠翰（hàn），既美且轻。〕戴上高耸青云的帽子，下飘细而薄的绸帽带，用翠鸟的羽毛作佩饰，既华美且飘逸。崔嵬，高耸的样子。纤罗，纤细的丝织品。缨，帽的带子。翠翰，翠鸟的羽毛。

㉒〔表容仪，俯仰垂光荣。〕用这些打扮你的仪表，一举一动全身光彩。俯仰，低头和抬头，比喻一举一动。垂光荣，焕发光彩。

㉓〔宋之章甫，齐之高冠，亦自谓美，盖何足观？〕宋国的章甫帽，齐国的高山冠，也都自称美好，（与您的美冠相比）哪里值得一看？章甫，宋国的帽名。高冠，即高山冠，齐国的帽名。

㉔〔排金铺，坐玉堂，风尘不起，天气清凉。〕手推铺首大门开，坐在富贵的高堂上，没有一丝灰尘，空气清新又凉爽。金铺，门上兽面形铜制环钮，用以衔环。玉堂，泛称富贵之宅。风尘不起，风儿不起，灰尘不扬。

㉕〔奏桓瑟，舞赵倡。〕弹奏齐国的琴瑟，跳起赵国的舞蹈。桓瑟，齐国的瑟。赵倡，又称"邯郸倡"，指赵国邯

郸女乐跳的舞。

㉖〔女娥长歌，声协宫商。〕歌女放声歌唱，声调与宫商之音协调。女娥，传说中唐尧的二女，即女英和娥皇，此指美丽的歌女。长歌，放声高歌。宫商，宫商之音，即宫、商、角、徵、羽五音，也叫五声。

㉗〔感心动耳，荡气回肠。〕感人悦耳，荡气又回肠。

㉘〔酌桂酒，脍（kuài）鲤鲂（fáng），与佳人期为乐康。〕斟上桂花酒，细切鲤与鲂，与美人相约敬酒祝快乐安康。脍，细切鱼肉。鲂，一名"鳊鱼"。

㉙〔前奉玉卮（zhī），为我行觞（shāng）。〕美人手捧玉杯，为我斟酒劝饮。卮，古代盛酒的器皿。行觞，斟酒让人喝。

㉚〔今日乐，不可忘，乐未央。〕今日的欢乐，不可遗忘，其乐尚未尽兴。未央，未尽。

㉛〔为乐常苦迟，岁月逝，忽若飞。〕常常苦于行乐太晚，岁月流逝，快如飞去。

㉜〔何为自苦，使我心悲？〕为何自己找苦吃，使我悲伤？

【鉴赏】

这是一首劝勉隐士出山入仕的诗，即求贤的诗。曹操也有一首求贤的诗，即著名的《短歌行（对酒当歌）》。曹操在诗中表达了求贤不得的忧思、求贤既得的欢乐，流露出贤才不来归的深沉的焦虑。曹丕在诗中极力铺陈隐士入仕后可以穿华服、佩名剑、饮美酒、观美色，享不尽荣华富贵。曹操诗作的宏旨是"我需要贤才"，曹丕诗作的宏旨是"贤才需要我"。父子二人都渴求贤才，但表达的形式迥然不同。

这首诗可以划分为三个部分，前十句为第一部分，感叹人生短暂，时光稍纵即逝。在那温暖的春天里，草木茂盛，姹紫嫣红，然而一经秋风肆虐，万物凋零，一切都化为乌有，惊呼"我今隐约欲何为"！从"适君身体所服"到"为我行觞"为第二部分，写入仕后的荣华富贵。诗人首先写"恣意遨游"之喜。当官有了地位，富贵随之而至，冬天可以穿上珍贵的貂黼裘衣，夏天可以穿上轻凉的绸衣，坐坚实华美的车子，驱使着肥壮的良马，在广阔的天地之间随心所欲地遨游，这是多么令人欣喜的事！接着诗人描写了佩带名剑的兴奋心情。当官有了地位，可以佩带宝剑，官当得越大，地位就越高，佩带的宝剑就越有名气。你的宝剑华丽精美，平滑壮观，"白如积雪，利若秋霜"，剑柄是由珍贵的駮和犀牛角制成，中央镶嵌着宝玉，天下所有的名剑都不能和你的宝剑媲美，这是多么令人难忘的美事！再接着写头戴青云冠的风采。在古代社会，帽子是身份的标志，当官戴上高耸入云的帽子，配以丝缨，饰以翠鸟绚丽的羽毛，真是光彩照人！最后诗人又写了女娥长歌、佳人祝酒的无穷乐趣。从"今日乐"到诗末为第三部分，感叹"何为自苦，使我心悲"，呼应第一部分，强调人生要及时行乐。此诗清楚地告诉隐居的贤士，外面的世界很精彩，只有入仕才能真正体现人生的价值。

这首诗在创作上受汉赋的影响，叙事极尽铺陈之能事。除了开头、结尾几句感叹人生苦短应该行乐，绝大部分篇幅都是铺陈官员生活的风光与奢华：单是写佩剑就用二十句九十多字，极力铺陈宝剑的名贵和佩带宝剑的威武；写官帽细致到两根丝绳和起装饰作用的翠鸟羽毛；写官员的生活，从玉堂的高贵写到琴瑟、歌舞使人荡气回肠，再写到饮美酒、吃美食，与佳人相约祝快乐安康，不遗余力地描绘达官贵人酒食和声色的享受。但全诗叙事磅礴而不冗长，辞藻华丽而不堆砌，抒发情感慷慨激昂而不是无病呻吟。清人朱乾评价这首诗时说道："劝驾也。墙上生蒿，隐士之居。极言佩服之美、宫室女乐酒醴之盛，凡所以乐贤者无不尽。"（《乐府正义》卷八）。这首诗对后代诗人的创作产生了一定的影响。明末清初思想家王夫之说："长句长篇，斯为开山第一祖。鲍照、李白，领此宗风，遂为乐府狮象。"（《姜斋诗话》卷下）

于谯作①

清夜延贵客，明烛发高光。②

丰膳漫星陈，旨酒盈玉觞。③

弦歌奏新曲，游响拂丹梁。④

余音赴迅节，慷慨时激扬。⑤

献酬纷交错，雅舞何锵锵！⑥

罗缨从风飞，长剑自低昂。⑦

穆穆众君子，和合同乐康。⑧

【译注】

①谯，汉属沛郡，东汉属沛国，三国魏五都之一，曹丕故乡，今安徽省亳州市。

②〔清夜延贵客，明烛发高光。〕清静夜晚请贵客，明亮灯烛放光芒。延，请。贵，一作"宾"。烛，一作"灯"。

③〔丰膳（shàn）漫星陈，旨酒盈玉觞。〕丰盛饭菜如星列，美酒斟满在玉杯。膳，饭食。旨酒，美酒。玉觞，玉杯。

④〔弦歌奏新曲，游响拂丹梁。〕琴瑟伴奏唱新歌，游响拂绕红屋梁。弦歌，以琴瑟伴奏而歌。曲，一作"诗"。游响，形容响亮的歌声，充满屋内。

⑤〔余音赴迅节，慷慨时激扬。〕余音进入快旋律，慷慨之音时激扬。赴，前往，入。迅节，短促的旋律。激扬，激动振奋。

⑥〔献酬纷交错，雅舞何锵锵！〕敬酒纷乱而错杂，雅舞场面多壮观！献酬纷交错，化用《诗经·小雅·楚茨》"献酬交错"句。献酬，即相互敬酒。交错，交叉，错杂。雅舞，古代帝王用于祭祀天地、祖先及朝贺、盛宴的舞蹈。锵锵，盛大的样子。

⑦〔罗缨从风飞，长剑自低昂。〕罗衣丝带随风飞，长剑自然低又高。罗缨，指舞者绸衣上的丝带子。从，随。长剑自低昂，指舞者跳舞时佩剑自动忽低忽高。

⑧〔穆穆众君子，和合同乐康。〕美好端庄众君子，和谐融洽同乐康。穆穆，仪表美好、容止庄静的样子。君子，泛指才德出众的人。和合，和睦同心。乐康，快乐安康。

【鉴赏】

建安二十五年（220）正月，曹操去世，曹丕继位为丞相、魏王，改建安二十五年为延康元年。同年十月，曹丕代汉称帝（史称"魏文帝"），改延康元年为黄初元年。称帝前两个月，即当年八月，曹丕军谯，宴请军人及父老百姓，作《复谯租税令》文及《丁谯作》诗。令文大意是：过去的帝王都热爱自己的出生地，今遵礼不忘其根本，因此免除谯县两年的租税。

《于谯作》写大飨军人和乡亲的情景。"清夜"四句写宴会概况。人逢喜事精神爽，在诗人那里，夜晚不是寻常的夜晚，是清静的凉爽的夜晚；烛光也不是寻常的烛光，是明亮的光芒万丈的烛光。那丰盛的菜肴，种类之繁、数目之多，只能以满天的星星来形容。所用的是玉制的杯子，盛满琼浆玉液。"弦歌"四句写"奏新曲"。在琴瑟的伴奏中，诗人和宾客引吭高歌，曲声在殿宇的红梁间回响，既气壮山河，又激动昂扬。"献酬"四句写雅舞盛况。盛大的舞蹈和觥筹交错的场面融为一体，舞者罗缨飞舞，飘飘欲仙，长剑伴随舞姿自然地上下晃动，其画面多么壮观、多么惊心动魄啊！"穆穆"二句画龙点睛，认为此为宾客"同乐康"，实际是暗指诗人称帝后天下太平，百姓快乐安康。

这首诗通过淋漓尽致的细腻的铺写，渲染了宴会中有音乐舞蹈和相互祝酒的欢乐场面，抒发了诗人即将登基的无比激动兴奋的心情。这种敷陈其事而直言其旨的写法是古体诗歌赋的典型的表现手法。其中"罗缨从风飞，长剑自低昂"二句最为精彩。清人陈祚明评道："此所谓建安体，华腴之中，妙能矫健。'罗缨'二句，便觉班坐林立，非一二人，生动有态。"（《采菽堂古诗选》卷五）

芙蓉池作①

乘辇夜行游，逍遥步西园。②
双渠相溉灌，嘉木绕通川。③
卑枝拂羽盖，修条摩苍天。④
惊风扶轮毂，飞鸟翔我前。⑤
丹霞夹明月，华星出云间。⑥
上天垂光彩，五色一何鲜。⑦
寿命非松乔，谁能得神仙？⑧
遨游快心意，保己终百年。⑨

【译注】

①芙蓉池，铜雀园里的荷花池。

②〔乘辇（niǎn）夜行游，逍遥步西园。〕乘坐辇车夜出游，自由漫步在西园。辇，古代用人推或拉的车，秦汉后

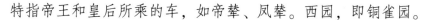

特指帝王和皇后所乘的车，如帝辇、凤辇。西园，即铜雀园。

③〔双渠相溉灌，嘉（jiā）木绕通川。〕两条渠水共灌溉，美好树木绕流水。相，共同。溉灌，灌溉。嘉木，美好的树木。通川，流通的河川。

④〔卑（bēi）枝拂羽盖，修条摩（mó）苍天。〕低枝拂扫羽车盖，长条向上接苍天。卑枝，向下低垂的树枝。拂，轻轻扫过。羽盖，装饰着羽毛的车盖。修条，长枝。摩，摩擦，接近。

⑤〔惊风扶轮毂（gǔ），飞鸟翔我前。〕急风嗖嗖辇旁过，飞鸟翱翔我面前。惊风，急风。扶，旁。轮毂，指辇车。毂，车轮中间车轴贯入处的圆木。

⑥〔丹霞夹明月，华星出云间。〕彩霞围绕着明月，闪亮星星出云间。丹霞，红艳的彩霞。华星，闪亮的星星。

⑦〔上天垂光彩，五色一何鲜。〕天空闪烁着光彩，五光十色多鲜艳。上天，天上。垂，下挂，落下。五色，青、黄、赤、白、黑五色，泛指各种颜色。

⑧〔寿命非松乔，谁能得神仙?〕寿命无法比松乔，有谁能够成神仙? 松乔，古代传说中的两位仙人，即赤松子和王子乔。谁能得神仙，谁能够成为神仙。

⑨〔遨游快心意，保己终百年。〕遨游舒心又快意，可保自己活百年。快心意，使心情快乐。终百年，百年而终，活到百年。

【鉴赏】

建安中期，曹操基本上荡平了中国北方的军阀割据势力，社会逐步趋于稳定和繁荣，文学创作也呈现空前的活跃局面。曹氏父子为领军，以"建安七子"（不包括孔融）为核心，聚集了一帮文学精英，形成了邺下文人集团。十多年间，在曹丕、曹植兄弟直接组织和倡导下，邺下文人集团开展了丰富多彩的游宴活动。游园宴饮，吟诗作赋，同题共写，相互观摩，书信往来，探讨切磋，文学创作别开生面。建安十六年（211），曹丕被封为五官中郎将、副丞相，天下仰慕，宾客如云。这一年，曹操西征，曹丕母亲和诸弟随军同行，曹丕留守邺城。这首游宴诗可能作于此时。

此诗可以划分为三个部分。开头两句为第一部分，点出行游的时间和地点。时间是夜晚，地点是西园，即著名的铜雀台（建安十五年曹操建）所在的铜雀园。"逍遥"二字概括了行游的心情，轻松愉快，自由自在。有了好心情，才发现了好景色。以下十句为第二部分，写西园的夜景。诗人是乘辇行游，居高临下，园中的流水、树木尽收眼底。"双渠"四句写俯视的景物。双渠缓缓地流动，灌溉着园中的花草树木，千姿百态的秀木绕着渠水排列，低垂的树枝从车盖上拂过，高耸的树枝直插天空。"惊风"二句写平视的景物。由于辇在前行，风显得大而急，从车旁迅速通过；由于人在辇上，视角比较高，飞鸟就在面前翱翔。"丹霞"四句写仰视的景物。西天的彩霞镶嵌着一轮明月，明亮的星星在云朵间闪烁，满天光彩四射，多么鲜艳绚丽啊！诗的最后四句为第三部分，写诗人的感悟。"寿命"二句感叹人生的短暂。赤松子和王子乔都是传说中长生不老的仙人，我们都是凡夫俗子，怎么能够成为仙人呢？这两句诗从字面上看似乎转得太急，内在含义却很紧密。诗人由眼前的美景想到观景的人，人在，美景才有意义，人不在，景色再美也枉然，由爱美景上升到爱人生，珍惜人生。当然，不是所有的景色都能使人产生这种感慨的，只有景色美到极致，诗人生怕今后看不到，才万分珍惜，浮想联翩，这也反衬了眼前景物的美好。"遨游"二句写欣赏美景的作用，可以使人心情愉悦，使人延年益寿。全诗环环相扣，结构紧密，是一首精美的游园诗。

在诗人的笔下，铜雀园之夜，地面嘉木、通川、惊风、飞鸟一片生机蓬勃，天空彩霞、明月、华星、白云光怪陆离。全诗用词清新而华美，力求句式对仗，由此可以看出诗人自觉地追求语言艺术之美。譬如动词的遴选和运用就十分精妙："卑枝拂羽盖，修条摩苍天"中的"拂"与"摩"，"惊风扶轮毂，飞鸟翔我前"中的"扶"与"翔"，"丹霞夹明月，华星出云间"中的"夹"与"出"，形象生动，惟妙惟肖，把铜雀园夜行描绘成一幅五彩斑斓的动态的画。这首诗极力书写和赞叹大自然的美，诗中充满对时光飘忽和人生短促的感叹，这种审美情趣和艺术风格对后世山水诗的创作有一定影响。

于玄武陂作^①

兄弟共行游，驱车出西城。^②
野田广开辟，川渠互相经。^③
黍稷何郁郁，流波激悲声。^④
菱芡覆绿水，芙蓉发丹荣。^⑤
柳垂重荫绿，向我池边生。^⑥
乘渚望长洲，群鸟谨哗鸣。^⑦
萍藻泛滥浮，澹澹随风倾。^⑧
忘忧共容与，畅此千秋情。^⑨

【译注】

①建安十三年（208）正月，曹操回到邺城，建玄武池训练水师。陂（bēi），池塘的岸。

②〔兄弟共行游，驱车出西城。〕兄弟一道去出游，驱

车出了邺西城。行游，出游。

③〔野田广开辟，川渠互相经。〕原野田地广开垦，河流渠道相沟通。互相经，互相沟通。

④〔黍（shǔ）稷（jì）何郁郁，流波激悲声。〕黍稷长势多茂盛，流水波激声动听。黍稷，两种粮食作物，这里泛指庄稼。黍，黍子，去皮称"黄米"。稷，有"谷子""高粱""不黏的黍"三种说法。郁郁，茂密的样子。悲声，此处指动听的声音。

⑤〔菱（líng）芡（qiàn）覆绿水，芙蓉发丹荣。〕菱角鸡头盖绿水，芙蓉出水开红花。菱，一年生水生草本植物，通称"菱角"。芡，多年生水生草本植物，又名"鸡头"。丹荣，红色的花。

⑥〔柳垂重（chóng）荫绿，向我池边生。〕柳垂重荫更觉绿，向我所在池边伸。重荫绿，指柳枝稠密，树荫重叠，光暗色浓。生，指延伸。

⑦〔乘渚（zhǔ）望长洲，群鸟讙（huān）哗鸣。〕登上小岛望长岛，群鸟喧哗同鸣叫。乘渚，登上小岛。渚，小洲，水中的小块陆地。长洲，水中较长的陆地。哗，同"喧哗"，声音大而杂乱。

⑧〔萍藻（zǎo）泛滥浮，澹澹（dàn dàn）随风倾。〕浮萍泛滥盖水上，绿波微动随风倾。萍藻，即浮萍。泛滥，大水漫溢，此指浮萍生长很快。澹澹，水波荡漾的样子，此指大片的浮萍随风漂动。

⑨〔忘忧共容与，畅此千秋情。〕共享闲适忘忧愁，畅快抒发千年情。容与，闲适自得的样子。畅，作动词用，畅快表达。千秋情，千年情。

【鉴赏】

这是一篇游记，叙述了游玄武池所见的优美景色，抒发了兄弟共享闲适的愉悦心情。

全诗可分为三个部分。篇首两句为第一部分，点出游者和游地。游者是诗人兄弟，游地是"出西城"，即目的地玄武池。中间十二句为第二部分，写行游所见的景色。"野田"四句概括地写行游所见的景色。放眼望去，广阔的原野上是一望无际的被开垦的良田，庄稼长势喜人，一片郁郁葱葱的景象；沟渠纵横交错，流水激荡，似乎在欢乐地歌唱。"菱芡"八句具体地写玄武池的美景，菱芡、芙蓉、垂柳、群鸟、萍藻，千姿百态，惹人喜爱。最后两句为第三部分，写触景所生的情。如此美景供欣赏，还有什么忧愁不能忘记呢？我们应该尽情地享受千年难忘的兄弟同游的愉快之情。

这首诗写景状物，贵在形象生动。"菱芡覆绿水"，菱与芡均为水生植物，诗中不说"漂"在水面，而说"覆"在水面，可见一层层厚厚实实，生长何等茁壮！"芙蓉发丹荣"，荷花开了，诗人不一般地说盛开，也不形容为含苞待放，而用了"丹荣"一词。在古代，红色被视为吉祥和繁荣的象征。因此，此处丹荣不仅是一种颜色的描述，更是一种生命力的象征。"柳垂重荫绿"，一个"重"字，刻画出柳枝重叠、苍翠欲滴、绿色厚重的画面。"群鸟谨哗鸣"，"谨哗"二字描绘出群鸟争鸣、嘈杂、纷乱而又不失生机勃勃的场景，非身临其境、深有感触者不可道也。"萍藻泛滥浮"，写出浮萍疯狂生长、不可抑制的气势，换任何词语都显得逊色。清代陈祚明评论说："柳垂有色，色美在重；群鸟有声，声美非一。水光泛滥，与风澹荡。佳处全在生动。写景如不生动，不如其已。"（《采菽堂古诗选》卷五）其言极是。

至广陵于马上作^①

观兵临江水，水流何汤汤！^②
戈矛成山林，玄甲耀日光。^③
猛将怀暴怒，胆气正纵横。^④
谁云江水广，一苇可以航。^⑤
不战屈敌虏，戢兵称贤良。^⑥
古公宅岐邑，实始翦殷商。^⑦
孟献营虎牢，郑人惧稽颡。^⑧
充国务耕殖，先零自破亡。^⑨
兴农淮泗间，筑室都徐方。^⑩
量宜运权略，六军咸悦康。^⑪
岂如《东山》诗，悠悠多忧伤。^⑫

【译注】

①广陵，郡名，三国魏郡，治淮阴。

②〔观兵临江水，水流何汤汤！〕检阅水师于江上，江水流逝多汹涌！汤汤，水流大而急的样子。

③〔戈（gē）矛成山林，玄（xuán）甲耀日光。〕戈矛之多似山林，黑色铠甲闪日光。戈，一作"霜"。玄甲，黑色的铠甲。耀日光，反射出太阳的光。

④〔猛将怀暴怒，胆气正纵横。〕猛将心中怒冲天，浑身胆气雄赳赳。暴怒，极端愤怒。胆气，胆量、勇气。纵横，奔放无阻。

⑤〔谁云江水广，一苇（wěi）可以航。〕谁说江水很宽广，一叶扁舟可以航。一苇，一枝苇叶，指一叶小舟。此处化用《诗经·卫风·河广》中"谁谓河广，一苇杭之"两句。

⑥〔不战屈敌虏（lǔ），戢（jí）兵称贤良。〕不战能使敌虏屈，息兵免战是贤良。屈敌虏，使敌人屈服。敌虏，对敌人的蔑称。戢兵，收起武器，停止军事行动。戢，收藏。兵，兵器。贤良，有德有才的人。

⑦〔古公宅岐（qí）邑，实始翦（jiǎn）殷商。〕古公岐山建宅邑，实为开始灭殷商。古公，即古公亶父，又称"周太公"，古代周民族的领袖，周文王的祖父。宅，建筑宅室。岐，山名，在今陕西岐山县东北。翦，消灭。殷商，朝代名，商代迁都于殷后的称号。传说周民族受到戎狄的攻击，古公

亶父不愿争战伤害百姓，带领族人由豳地迁往岐山，建住宅、城邑，归附者众多，为后来消灭殷商做了准备。

⑧〔孟献营虎牢，郑人惧稽颡（qǐ sǎng）。〕孟献筑城虎牢地，郑人惧怕而跪拜。孟献，孟献子，春秋时期鲁国的国卿仲孙蔑。晋国联合诸侯攻打郑国时，接受孟献子献策，在虎牢筑城逼郑，郑国惧怕而屈服。营，建设，此指筑城戍守。虎牢，古地名，春秋时属郑国，在今河南荥阳汜水镇。稽颡，古代的一种跪拜礼，屈膝以额头触地，以示十分虔诚。

⑨〔充国务耕殖，先零（líng）自破亡。〕充国致力于耕植，先零不攻自破亡。充国，赵充国，字翁孙，汉陇西上邽人，汉武帝时拜为中郎将，宣帝时被封为营平侯。羌人起事，赵充国时年七十有余，奉命前往平定。获胜之后，他罢兵屯田，发展经济，地方安定，先零自乱散亡。先零，羌族的一支。

⑩〔兴农淮泗（sì）间，筑室都徐方。〕大兴农业淮泗间，筑室建都于徐方。淮泗间，淮河和泗水一带，指今河南、山东、安徽、江苏的淮河和泗水流域。筑室，筑戍守的房屋。都徐方，在徐方建立都城。徐方，即"徐戎"，古族名，夏至周分布在淮河中下游，即今江苏西北部和安徽东北部一带，周初以今江苏泗洪一带为中心建立徐国，春秋后期为吴所灭。

⑪〔量宜运权略，六军咸悦康。〕酌量机宜用谋略，全军上下都乐康。量宜，考虑解决的办法。运权略，用谋略。权略，权谋，谋略。六军，天子所统领的军队，泛指军队。

悦康，安乐。

⑫〔岂如《东山》诗，悠悠多忧伤。〕哪像《东山》诗所写，悠悠之心多悲伤。《东山》，《诗经·豳风》中的一首诗，写一个普通战士东征后归乡时复杂的心理活动和忧伤的心情。悠悠，指忧愁焦虑的样子。

【鉴赏】

黄初六年（225）十月，魏文帝曹丕至广陵郡故城（在今江苏省扬州东北），临江观兵。魏国军队有士卒十多万，旌旗弥漫数百里。长江对面的东吴，孙权命严防固守。孙权的部下派遣敢死队守卫在要塞之处。此时天气十分寒冷，通向长江的水道结了冰，舟船不得入江。曹丕面对波涛汹涌的江水感叹道："哎呀！原来老天设个长江就是要分出南北啊！"于是曹丕根据魏吴对峙的军事形势，运用古人克敌制胜的智慧，制定了不战而屈人之兵的方略。这首《至广陵马上作》就是诗人临江观兵时所作。

全诗可分为三个部分。前八句为第一部分，写魏兵的军容和士气。"观兵"二句写观兵的地点和当地的形势。地点在广陵故城长江北岸，形势是面对长江天险。"戈矛"四句描绘军容和士气。戈矛等兵器多如山中的树木，战士的铁甲在太阳光的照射下，熠熠生辉，军容何等威严！猛将怀揣冲天的怒火，浑身上下都充满胆气，士气何等勇猛！"谁云"

二句抒发了必胜的豪情，汹涌的江水算什么，一叶扁舟就可以通行无阻。"不战"八句为第二部分，写"不战屈敌虏"的典故。"不战"二句写对这一谋略的称赞。不战而屈人之兵，是用兵的上策，运用这一方略的人，才是真正品德高尚而又有才能的人。"古公"六句写古代"不战屈敌虏"的典型范例。古公亶父在岐山筑宅室、城邑戍守疆域之时，实际上灭亡殷商就已经开始了；春秋时晋国等根据孟献子的建议在虎牢建筑城池，郑人不得不屈膝投降；赵充国罢兵屯田，先零族就自动溃散消亡了。末六句为第三部分，写魏对吴的制胜方略。"兴农"二句写方略的内容，在淮河和泗水流域大兴农业，在古徐方之地广陵郡建筑房屋、城池。"量宜"四句写实施这一方略的结果，必然是"六军咸悦康"，并用古《东山》诗里战士"悠悠多忧伤"反衬全军将士的欢乐。

第一部分写军容士气，状物写景，威武雄壮，抒发情怀，豪气干云。第二、三部分写"不战屈敌虏"的谋略，显示出诗人的睿智和思想的深邃。前面部分描写，后面部分议论，看似不甚协调，实则联系紧密。前面写军事实力的强大，后面写军事思想的卓越。没有前者，后者是空谈；没有后者，前者没有根基。前后互为映衬，共同发力，彰显了曹丕作为一代帝王的豪迈气概。

曹丕的诗写男女爱情和游子思归的题材比较多，而且写得很好。文笔浅显清丽，善于把诗中人物缠绵悱恻的思想感情委婉细腻地表达出来，体现出徐婉幽远的阴柔之美。这首诗却表现了曹丕诗作中不多见的另一种风格：笔力雄健，视野宽阔，语词宏博，体现出雄伟劲直的阳刚之美。

杂　诗①

漫漫秋夜长，烈烈北风凉。②

展转不能寐，披衣起彷徨。③

彷徨忽已久，白露沾我裳。④

俯视清水波，仰看明月光。⑤

天汉回西流，三五正纵横。⑥

草虫鸣何悲，孤雁独南翔。⑦

郁郁多悲思，绵绵思故乡。⑧

愿飞安得翼，欲济河无梁。⑨

向风长叹息，断绝我中肠。⑩

【译注】

①指兴致不一、不拘流例、遇物即言一类的诗。中国现存的最早的一部诗文总集《文选》有"杂诗"一目，凡内容

不好归类者，皆列"杂诗"目中。建安邺下文人王灿、刘桢、曹丕、曹植等诗皆有以"杂诗"为题，后世文人将此传统遵循延续下来。

②〔漫漫秋夜长，烈烈北风凉。〕天色难明秋夜长，嗖嗖北风刺骨凉。漫漫，时间长久。烈烈，风嗖嗖有凉意的感觉。

③〔展转不能寐（mèi），披衣起彷徨。〕翻来覆去睡不着，披衣起身而徘徊。寐，睡着。彷徨，走来走去。

④〔彷徨忽已久，白露沾我裳。〕徘徊恍若已太久，白露浸湿我衣裳。忽，恍若，好像。沾，浸湿。

⑤〔俯视清水波，仰看明月光。〕低头观看清水波，仰首凝望明月光。

⑥〔天汉回西流，三五正纵横。〕银河西南转正西，参宿、昴宿列天宇。天汉，银河。回西流，指夜深时分银河由西南向转正西向。三五，二十八星宿中的参宿和昴宿。《诗经·召南·小星》："嘒彼小星，三五在东。……嘒彼小星，维参与昴。"参宿共七星，中间三星，《诗经》以此三星为参星。昴宿实为七星，《诗经》以为五星。参宿、昴宿相距不远，所以能同时出现在东方。纵横，横竖交错。

⑦〔草虫鸣何悲，孤雁独南翔。〕草虫鸣叫多悲悯，孤雁独自向南飞。

⑧〔郁郁多悲思，绵绵思故乡。〕苦闷思念多悲伤，分分秒秒念故乡。郁郁，形容心里闷闷不乐。悲思，悲哀思念。

绵绵，形容连续不断。

⑨〔愿飞安得翼，欲济河无梁。〕想飞哪里得翅膀，欲渡河上无桥梁。济，过河。梁，桥梁。

⑩〔向风长叹息，断绝我中肠。〕对风长长叹口气，忧思断绝我衷肠。中肠，衷肠，谓腹中之肠。中，同"衷"。断绝衷肠，比喻精神十分痛苦。

【鉴赏】

建安时期，文坛创作有一种风气，喜作代言体诗赋，代替诗赋中人物状物纪事，抒发思想感情。当时平虏将军刘勋妻王氏被出，曹丕有《代刘勋出妻王氏作》，曹植有《弃妇诗》《出妇赋》，王粲有《出妇赋》，可能均是为王氏而作，代弃妇诉说悲情。这一首和后面一首杂诗都是代言体诗，代游者抒发思念故乡而不能归的悲伤。读诗时不必拿曹丕经历的事去附会诗意。

诗开篇四句写游者秋夜难寐。"漫漫"二句写秋夜特点，一是"长"，二是"凉"。"漫漫"形容秋夜长，阴沉沉，无边无际，这既是对"夜长"的客观描述，也是对主观心境的概括。心绪不宁，时光就过得慢，度日如年。"烈烈"形容北风凉。秋天的风，给人的感觉可以是舒服凉爽，也可以是不适寒冷，常常取决于心情，游者心情不佳，故觉夜风有嗖嗖寒意。"展转"二句写游者的反应，辗转反侧，夜不能寐，只好披衣而出。前两句写景，后两句写情，情景交融，为全篇构筑了忧伤的基调。中间八句写徘徊时所见夜景。"彷徨"二句写衣湿，一个"忽"字点出了游者忧愁之深。神经已经麻木了，究竟过了多长时间不知道，好似过了很久吧，要不白露怎么浸湿了衣裳？"俯视"二句写夜色，水波"清"，月光"明"，夜色清冷。"天汉"二句写夜深，银河由西南向转为正西向，参宿、昴宿两组星离得更近，同时闪亮，夜已经很深了。"草虫"二句写秋夜的悲凄，地下草虫悲鸣，天上孤雁凄飞。这八句从皮肤、眼睛、耳朵多个感觉器官感知出发，全方位写了秋夜。末六句写乡愁之甚。"郁郁"二句是画龙点睛之笔。如果把这首诗比作一个谜语，前十二句是谜面，"郁郁"二句就是谜底。前十二句只知道诗中的主人公忧愁，为什么忧愁不知道。谜底告诉我们，游者原来是"郁郁多悲思，绵绵思故乡"。"愿飞"四句写悲思之甚。要飞没有翅膀，要过河没有桥梁，该是何等悲思！面对北风，回故乡不能，如同割断腹中之肠一样痛苦。"向风长叹息"照应开头"烈烈北风凉"，使全诗浑然一体，把悲思推到了极点。

这首诗最显著的特点是运用了赋的表现手法，即铺陈排比的手法。全诗十八句，前面十二句都是铺陈排比秋夜的景色，写了北风、白露、水波、月亮、星星、草虫、大雁，淋漓尽致地刻画出秋夜的清凉、绵长、凄楚、孤独，全诗集中地表达了"郁郁多悲思，绵绵思故乡"的主旨。

杂　诗

西北有浮云，亭亭如车盖。①
惜哉时不遇，适与飘风会。②
吹我东南行，行行至吴会。③
吴会非我乡，安得久留滞？④
弃置勿复陈，客子常畏人。⑤

【译注】

①〔西北有浮云，亭亭如车盖。〕西北天空有浮云，高耸无依如车篷。亭亭，高耸或直立的样子。车盖，古时车上挡雨水蔽阳光的篷子，状如伞，下有柄。

②〔惜哉时不遇，适与飘风会。〕可惜没遇好时机，恰巧相逢有暴风。时不遇，没有遇到好的时机。适，恰巧。飘风，暴风。

③〔吹我东南行，行行至吴会（kuài）。〕暴风吹我东南行，飘着飘着到吴会。我，浮云自称。行行，一作"南行"。吴会，东汉设吴郡与会稽郡，合称"吴会"，今江苏南部和浙江一带。

④〔吴会非我乡，安得久留滞（zhì）？〕吴会不是我故乡，怎么能够久停留？留滞，停留，滞留。

⑤〔弃置勿复陈，客子常畏人。〕抛开这些不再说，客居游子怕人欺。弃置勿复陈，此为乐府诗常用的套语，意思是放弃这些，不必再说了。陈，叙述。客子，旅居异乡的人。

【鉴赏】

这首诗写游子背井离乡的畏惧情绪。"西北"四句写游子漂泊的缘由。前两句写自己的身份。体态"亭亭如车盖"，独立，潇洒，然而是一朵飘荡的浮云，即四处飘忽的游子。后两句写生不逢时。浮云遇上了暴风，游子生在动荡的时代，命运由不得自己掌控。"惜哉时不遇"句抒发了无比的叹息与不满。"吹我"四句写游子惶恐的心情。前两句写游子漂泊之远。"东南"和"西北"相对应，其意为游子是魏人，当来自"西北"，"东南"是吴会所在方向。"东南"和"吴会"不一定是实指，主要表达游子游历之远。后两句写游子的不安与惶恐。所到之处不是自己的家乡，怎么能够长久居留呢？"弃置"二句进一步点出产生不安和惶恐的实质是

"畏人",即怕受异乡人的欺侮。全诗情节简单,情感浓郁。

  杂诗二首都是写游子,描写游子在动荡的时代漂泊的生活与糟糕的心情。两首诗不同之处主要有两点:其一,表现手法不同。前者用的是赋比,不厌其烦地铺陈秋夜所见的景物,实写游子的真实生活。后者用的是比喻手法,细致地描绘了浮云的身不由己、行踪无定,虚写游子的真实生活。用浮云比喻游子十分形象生动,使游子居无定所、飘忽不定的形象更加鲜明,增加了诗歌的韵味和感染力。其二,表达的情感不尽相同。前者表达了游子"郁郁多悲思,绵绵思故乡",即欲回故乡不能成行的忧伤,后者表达了游子客居异乡所留非所想的不安与惶恐。杂诗二首合起来读,对那个时代的游子生活有更加全面的认识,对诗人游子思归类作品的艺术魅力有更加深入的体味。

清河作①

方舟戏长水，澹澹自浮沉。②
弦歌发中流，悲响有余音。③
音声入君怀，凄怆伤人心。④
心伤安所念？但愿恩情深。⑤
愿为晨风鸟，双飞翔北林。⑥

【译注】

①清河，古河名。《水经·淇水注》里所称"清河"，相当于南起今河北威县南，东北流经清河、故城北、景县南，至东光西，自此以下略循今卫河、海河入海。

②〔方舟戏长水，澹澹自浮沉。〕方舟水上任其漂，清波动荡自浮沉。方舟，两船相并，比喻夫妻相会。澹澹，水清澈而有波澜，一作"湛澹"。自浮沉，指船在水上一上一

下随波漂浮。

③〔弦歌发中流，悲响有余音。〕琴声歌声中流来，凄凉乐声回余音。中流，水流的中央。悲响有余音，一作"悲风漂余音"。

④〔音声入君怀，凄怆（chuàng）伤人心。〕乐声飞入君怀里，凄凉悲痛伤人心。君，对对方的敬称，指丈夫。凄怆，悲痛。

⑤〔心伤安所念？但愿恩情深。〕心情悲伤想什么？只愿夫妻恩情深。但愿，只希望。

⑥〔愿为晨风鸟，双飞翔北林。〕希望化为晨风鸟，双双飞翔在北林。晨风鸟，又名"鹯"，青黄色，像鹞子。《诗经·秦风·晨风》："鴥彼晨风，郁彼北林。"

【鉴赏】

曹丕写河上亲人告别题材的诗共有三首，这三首诗应该写于同一时期。诗人随父出征经清河（建安十二年曹操征乌桓时），目睹了挽船士（拉纤的兵士）出征前与亲人告别的动人场面。由于感受很深，曹丕一连创作了三首诗。除了这一首《清河作》，另两首是《清河见挽船士新婚与妻别》《见挽船士兄弟辞别诗》。这三首诗都是代言体诗，本篇代挽船士妻子而作，另两首代挽船士而作。这三首诗从不同的亲人关系出发，完整地反映了清河上亲人离别的生动场面。

　　"方舟"二句写与妻子方舟戏水的喜悦情景。一个"戏"字给人无限的想象,包含了无穷的欢乐。"澹澹"写河面碧波荡漾,美丽如画。"自浮沉"既描绘出方舟随波起伏的逼真画面,也表达了妻子即将见到丈夫的兴奋心情。"弦歌"四句写乐声中的悲凄场面。弦音歌声诉说着别后不尽的悲哀,乐声在水面上回荡,余音不绝,乐声钻入挽船士的心怀,他更加感到撕心裂肺的悲伤。"心伤"四句写妻子的心愿。心上人啊,你那样伤心究竟在想什么?明知对方是思念自己,还要明知故问,反映了妻子生怕失去丈夫的真实心情。"但愿"二字流露出妻子感情的专一纯真。她的心愿是什么?既不宏大,也不遥远,只想立即化为晨风鸟,和自己的爱人双双飞翔在林中。这一朴素天真的愿望,对他们来说是一种奢望。他们面临的是一只无形的手将他们活生生地分开。诗歌情节十分简略,表达的感情强烈而深沉。

　　清代陈祚明评价曹丕诗说:"子桓笔姿轻俊,能转能藏,是其所优。转则变宕不恒,藏则含蕴无尽。"(《采菽堂古诗选》卷五)《清河作》"转藏"自如。"方舟戏长水,澹澹自浮沉",描写了妻子水上行舟的喜悦。"弦歌发中流,悲响有余音",描写了妻子听到弦歌的悲凉,情绪瞬间陡转。这种情绪跌宕起伏的变化,使诗情汹涌澎湃,扣人心弦。"音声入君怀,凄怆伤人心",听了悲凉的弦歌,挽船士十分伤心,究竟怎样伤心,他想了什么,藏而不露,让人想象。"愿为晨风鸟,双飞翔北林",表达了妻子的心愿。为什么产生这种心愿，这种愿望象征的具体内容是什么，"含蕴无尽"，耐人寻味。曹丕的诗达到了转藏兼备的境界。

见挽船士兄弟辞别诗①

郁郁河边树，青青野田草。②
舍我故乡客，将适万里道。③
妻子牵衣袂，抆泪沾怀抱。④
还附幼童子，顾托兄与嫂。⑤
辞诀未及终，严驾一何早！⑥
负筝引文舟，饥渴常不饱。⑦
谁令尔贫贱，咨嗟何所道！⑧

【译注】

①挽船士，拉纤的兵士。

②〔郁郁河边树，青青野田草。〕郁郁葱葱河边树，浓绿茂盛野田草。郁郁，茂盛的样子。青青，形容颜色浓绿、生长茂盛。

③〔舍我故乡客，将适万里道。〕离我故乡为游客，即将奔赴万里道。舍，离开。客，当游客。适，往。

④〔妻子牵衣袂（mèi），抆（wěn）泪沾怀抱。〕妻子儿女拉衣袖，擦下泪水湿衣襟。妻子，妻子与儿女。衣袂，衣袖。抆，擦，一作"落"。怀抱，指胸前的衣襟。

⑤〔还附幼童子，顾托兄与嫂。〕回身贴近年幼子，把其托付兄与嫂。还附，回身靠近。顾托，以目示意而拜托之。

⑥〔辞诀（jué）未及终，严驾一何早！〕诀别话语未说完，出行车马早备好。辞诀，告别，诀别。严驾，整备车马。

⑦〔负笮（zuó）引文舟，饥渴常不饱。〕背着竹绳拉彩船，又饥又渴常不饱。笮，用竹子皮绞拧而成的绳索。文舟，装饰华丽的船只，一作"船行"。

⑧〔谁令尔贫贱，咨嗟何所道！〕谁人叫你贫又贱，感叹又有何话讲！咨嗟，叹息。

【鉴赏】

上一篇《清河作》，代挽船士妻子抒发夫妻离别的忧伤，这一篇代远行者挽船士抒发与亲人离别的忧伤。这一篇主人公不仅抒发了伤感，还对自己的遭遇表达了不满，并提出控诉。诗人当时贵为大军统帅的公子，能体察民情，看到社会最底层民众的疾苦，并代言表达不满的情绪，的确难能可贵。

诗的一、二两句写辞别时的自然景色。满眼是郁郁葱葱的树木及茂盛稠密的野草，家乡的景色太美了，然而自己马上就要远走他乡。这两句兴中有比，"郁郁""青青"也暗含挽船士此时心事沉重，闷闷不乐。中间八句写辞别时悲伤的情景。"舍我"二句表达了挽船士对故乡难分难舍的心情。他要离开故乡做漂泊的游客，即将奔向那茫茫未知的万里行程。"妻子"二句写至亲分离的悲伤之情。妻儿拉着挽船士的衣袖不让走，挽船士哪里做得了主，断了线般的泪珠浸湿了胸前的衣服，又有谁同情，又怎么能改变命运？"还附"二句写与兄嫂告别。挽船士回头看了看幼子，那眼神告诉兄嫂，妻儿完全托付给你们了。"还附""顾托"，描写细致入微，反映了挽船士悲伤复杂的心理活动。"辞诀"二句写催行的情景。挽船士怎么舍得离开？辞别的话怎么也说不完，然而载人的车马早已收拾好了，催行的声音不断传来，哪里容得你耽误片刻。"负笮"四句写挽船士对命运的担忧，并表达了不满的情绪。纤夫背船，极其辛苦，加之"饥渴常不饱"，那悲惨的命运让人不寒而栗。"负笮"和"文舟"反差强烈，流露出心中的愤懑之情。最后两句貌似自我安慰，实际上是对命运不公的控诉。

挽船士与妻儿、兄嫂辞别的场面描写十分生动感人。妻儿对他如何难分难舍，挽船士如何肝肠寸断、泪如雨下，将妻儿托付给兄与嫂，整装待发的车马如何催行，诗人用凝练的语言，简约而委婉地表达出来，让人读后感慨万千。清代诗人沈德潜评价说："孟德诗犹是汉音，子桓以下，纯乎魏响。子桓诗有文士气，一变乃父悲壮之习也。要其便娟婉约，能移人情。"（《古诗源》卷五）"便娟婉约，能移人情"的评价非常适合这首诗。

代刘勋出妻王氏作①

翩翩床前帐，张以蔽光辉。②

昔将尔同去，今将尔共归。③

缄藏箧笥里，当复何时披？④

【译注】

①此诗最早见于《玉台新咏》。原题《刘勋妻王氏杂诗二首并序》。《序》："王宋者，平虏将军刘勋妻也，入门二十余年。后勋悦山阳司马氏女，以宋无子出之，还于道中，作诗二首。"此诗为第一首。第二首诗："谁言去妇薄，去妇情更重。千里不唾井，况乃昔所奉。远望未为遥，峙躇不得往。"峙躇，同"踟蹰"。《艺文类聚》录第一首，确定为曹丕作，诗题为《代刘勋出妻王氏作》，现从之。

②〔翩翩床前帐，张以蔽光辉。〕轻盈飘动床前帐，张

挂用来挡日光。翩翩，形容轻盈摆动的样子。张，展开挂起来，一作"可"。

③〔昔将（jiāng）尔同去，今将尔共归。〕往昔携你去夫门，今日带你回娘家。将，携带。尔，你。

④〔缄（jiān）藏箧笥（qiè sì）里，当复何时披？〕床帐封藏竹箱里，何时才能再打开？缄藏，封藏。箧笥，竹箱。披，打开。

【鉴赏】

由《玉台新咏》该诗的序言知，刘勋妻子王氏被刘勋驱逐出家门，刘勋出妻不是妻子有错，而是刘勋喜欢上山阳司马氏的女儿，以王氏无子为由驱赶她出门。可见在那个时代，男女的社会地位极不平等。丈夫可以无缘无故休妻，妻子没有任何话语权。但是，是非自有公论。社会舆论总是反对霸道者，同情弱者。刘勋贵为平虏将军，因另有新欢而驱逐妻子王氏，引起了许多文人的愤愤不平，曹丕、曹植、王粲等纷纷以"刘勋出妻"为题材作诗作赋，为王氏代言，展开道德谴责。这首诗就是其中一首。

诗人以刘勋妻王氏的口吻，写床帐的经历，今昔对比，表达了对为人妇生活的留恋，对今后生活的失望，控诉了命运的不公。"翩翩"二句写床帐的作用。轻盈飘荡的床帐啊，多么美好，挡住了太阳的光辉！这里实际上是表达王氏对过去二十多年夫妻生活的留恋，抒发难以割舍之情。"昔将"
二句写床帐的昔今。床帐是嫁妆，王氏青春妙龄时带着它来
到夫家，如今人老珠黄又带着它回到娘家。在那个时代，对
一位妇女来说被出是人生最大的不幸。"缄藏"二句写床帐
归宿。从夫家带回来的床帐啊，被深藏在竹箱里，什么时候
才能再打开竹箱呢？王氏清醒地知道，不可能再有机会带着
床帐返回夫家了，却还抱有一线希望。我们从王氏的希望里
看到了她的绝望，听到了她声泪俱下的控诉。

　　清代陈祚明评价这首诗时说道："（'翩翩床前帐'篇）
此章心伤断绝，借物形己。"（《采菽堂古诗选》卷五）"借物
形己"即现在通常所讲的"借物喻人"的表现手法。二十多
年前王氏嫁到刘家，床帐作为嫁妆，和王氏一同来到刘家；
二十多年里，王氏作为刘妻，过着一般妇人的生活，床帐时
刻陪伴着王氏，遮挡光线，发挥作用；二十多年后，王氏被
休回娘家，床帐也一道同王氏被送回到娘家。床帐和王氏，
息息相关，经历相同，命运一致。全诗六句，通篇只写床帐
的经历和命运，不见王氏的身影与遭遇，却含蓄委婉地表达
了王氏被休的"心伤断绝"的忧情，给读者无限空间去想象
王氏昔日生活的甜美场面及被休回娘家途中悲恸欲绝的情景。

寡妇诗① 有序

友人阮元瑜早亡，伤其妻孤寡，为作此诗。②

霜露纷兮交下，木叶落兮凄凄。③
候雁叫兮云中，归燕翩兮徘徊。④
妾心感兮怅惘，白日急兮西颓。⑤
守长夜兮思君，魂一夕兮九乖。⑥
怅延伫兮仰视，星月随兮天回。⑦
徒引领兮入房，窃自怜兮孤栖。⑧
愿从君兮终没，愁何可兮久怀。⑨

【译注】

①建安十七年（212），"建安七子"之一的阮瑀去世，曹丕作《寡妇诗》《寡妇赋》。

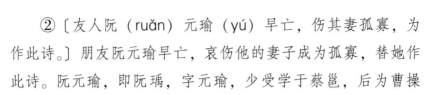

②〔友人阮（ruǎn）元瑜（yú）早亡，伤其妻孤寡，为作此诗。〕朋友阮元瑜早亡，哀伤他的妻子成为孤寡，替她作此诗。阮元瑜，即阮瑀，字元瑜，少受学于蔡邕，后为曹操司空军谋祭酒，管记室，负责撰写章表檄文。明人将其作品辑为《阮元瑜集》五卷。妻，一作"妻子"。

③〔霜露纷兮交下，木叶落兮凄凄。〕霜露交加啊纷纷而下，树叶飘落啊多么寒凉。凄凄，一作"萋萋"。

④〔候雁叫兮云中，归燕翩兮徘徊。〕候雁鸣叫啊云中飞翔，归燕翩翩啊空中徘徊。候雁，雁属随季节不同而定时迁徙的候鸟，故称"候雁"。归燕，燕是候鸟，每年春天从南方飞回，故称"归燕"。

⑤〔妾心感兮怅惆（chàng chóu），白日急兮西颓（tuí）。〕妾心伤感啊懊恼失望，白日匆匆啊向西落下。怅惆，即惆怅，伤感，失意。西颓，西倾，西落。

⑥〔守长夜兮思君，魂一夕兮九乖（guāi）。〕守长夜啊思念夫君，魂灵一夜啊多次离身。一夕，一夜。九乖，多次分离。九，表示多，不是实数。乖，背离。

⑦〔怅延伫（zhù）兮仰视，星月随兮天回。〕怅然久立啊仰望天空，星月渐次啊隐没不见。延伫，久久站立。天回，回到天上，指隐没看不见。

⑧〔徒引领兮入房，窃自怜兮孤栖。〕白白渴望啊进入我房，私下自怜啊孤苦独居。徒，白白地。引领，伸长脖子，指十分盼望。窃，私自。自怜，自我怜惜。孤栖，指男女分

居或失去配偶。

⑨〔愿从君兮终没，愁何可兮久怀〕希望随君啊一道
同去，忧愁怎能啊久放心中。终没，寿终。

【鉴赏】

建安十七年（212），阮瑀去世。曹丕与阮瑀曾相交好，见
其遗孀遗孤，十分悲伤，于是作《寡妇诗》《寡妇赋》，代阮
瑀妻子叙丧夫之悲。作诗、赋的具体月份未见史载，审诗赋文
意，当作于这一年的初冬。

《寡妇诗》可分为三个部分。第一部分为开头四句，写
初冬苍莽的夜景。"霜露"二句写霜露交加、木叶飘零的凄
凉的自然景象。"纷""落"二字使夜间的景物有了动感，增
强了凄凉的气氛。"候雁"二句写初冬夜晚雁与燕的活动。
候雁嘎嘎地叫，归燕在空中徘徊，使凄凉的初冬夜晚有了毛
骨悚然之感。中间八句为第二部分，写寡妇长夜思夫之痛。
"妾心"二句写寡妇的忧伤心情。丧夫的人长夜最难熬，像
惧怕魔鬼一样惧怕夜晚。"白日急兮西颓"，可怕的夜幕还是
落下了。"守长夜"二句写思夫丧魂之苦。按照迷信的说法，
活人灵魂不会离开躯体，寡妇思夫，夜间灵魂多次离开身体，
可见悲痛之深。"怅延伫"二句写长夜难熬。长夜漫漫，月
转星移，寡妇思夫，度夜如年。"徒引领"二句写寡妇自怜。
由于引颈盼夫归不得，转而孤身自伤自怜。最后两句为第三

部分，写寡妇的心愿。忧愁不能长久放在心中，宁愿马上死去能在阴曹地府见到夫君。第一部分写景起烘托作用，为第二部分抒发思夫之痛渲染气氛。第二部分写思夫之痛是内容的重点。第三部分是第二部分内容的深化，表达了对夫君坚贞不渝的感情。

关于这首代言诗，清人张玉毂评论说："诗伤寡妇，而竟代寡妇自伤，最为亲切。"（《古诗赏析》卷八）写一个人对另一个人的思念，通常用第三人称。曹丕写寡妇思夫为什么用第一人称呢？"最为亲切"四字回答极为准确。这首诗用寡妇的口吻诉说思夫之痛可以挖掘其内心细微的感受，读来如见其人，如闻其声，"最为亲切"。由于"最为亲切"，所以最为感人。

这首诗的体裁是骚体。骚体起源于战国时期的楚国，句式以六言为主，间有五言、七言，句中、句末常带"兮"字，大体整齐而又参差灵活，对古四言体诗来说是重大突破。屈原作《离骚》，后人仿其体所作谓之骚体，也称"楚辞体"。《寡妇诗》每句六字，相对于四言体诗扩大了诗句的容量，句中带"兮"字，使诗歌抑扬顿挫、富于抒情成分。全诗或陈述，或悲吟，回环照应，脉络分明，把寡妇思夫之痛写得真切可感。

赋

选

寡妇赋 有序①

陈留阮元瑜早亡，每感存其遗孤，未尝不怆然伤心，故作斯赋。②

惟生民兮艰危，于孤寡兮常悲。③人皆处兮欢乐，我独怨兮无依。④抚遗孤兮太息，俯哀伤兮告谁?⑤三辰周兮递照，寒暑运兮代臻。⑥历夏日兮苦长，涉秋夜兮漫漫。⑦微霜陨兮集庭，燕雀飞兮吾前。⑧去秋兮就冬，改节兮时寒。⑨水凝兮成冰，雪落兮翻翻。⑩伤薄命兮寡独，内惆怅兮自怜。⑪

【译注】

①此篇与前面《寡妇诗》为同题材作品，唐人编的类书《艺文类聚》以诗与赋分别列出，后世沿用。本篇序亦录自

该书。《文选》潘岳《寡妇赋》李善注引之序与此篇略有不同："陈留阮元瑜，与余有旧，薄命早亡。每感存其遗孤，未尝不怆然伤心，故作斯赋，以叙其妻子悲苦之情。命王粲等并作之。"

②〔陈留阮元瑜早亡，每感存其遗孤，未尝不怆然伤心，故作斯赋。〕陈留人阮元瑜较早死亡，每想到他遗留的孤儿寡妇，未曾不悲伤难过，因此写了这篇赋。陈留，郡名，辖今河南东至民权、宁陵，西至开封、尉氏，北至延津、长垣，南至杞县、睢县等地。

③〔惟生民兮艰危，于孤寡兮常悲。〕只有为人啊艰难危急，身处孤寡啊常常伤悲。惟，同"唯"，只，唯独。生民，人民。艰危，艰难危险，艰苦危难。

④〔人皆处兮欢乐，我独怨兮无依。〕他人都在啊欢欢乐乐，我独怨忿啊无靠无依。

⑤〔抚遗孤兮太息，俯哀伤兮告谁？〕抚摸遗孤啊深深叹息，低头哀伤啊向谁诉说？遗孤，人死后留下的孩子。太息，出声叹气。俯，与"仰"相对，向下，低头。

⑥〔三辰（chén）周兮递照，寒暑运兮代臻（zhēn）。〕三辰周转啊依次普照，寒暑运行啊更替而至。三辰，指日、月、星。周，转。代臻，更替而至。代，更迭，更替。臻，至。

⑦〔历夏日兮苦长，涉秋夜兮漫漫。〕经历夏日啊光阴苦长，经过秋夜啊时光漫漫。涉，经历，经过。

⑧〔微霜陨（yǔn）兮集庭，燕雀飞兮吾前。〕轻霜降啊集于庭院，燕雀飞啊在我面前。微霜，轻霜，小霜。陨，落下。庭，庭院。

⑨〔去秋兮就冬，改节兮时寒。〕秋日离去啊进入冬天，改换节令啊天气变寒。去，离开。就，归于。

⑩〔水凝兮成冰，雪落兮翩翩。〕清水凝结啊成为冰冻，白雪飘落啊翩翩飞舞。翩翩，翩翩飞舞的样子。

⑪〔伤薄命兮寡独，内惆怅兮自怜。〕哀伤命薄啊孤苦伶仃，内心伤感啊自我怜悯。薄命，命薄，命运不好。寡独，孤独。惆怅，伤感，失意。

【鉴赏】

建安十七年（212），曹丕的友人"建安七子"之一的阮瑀去世，诗人代其妻作《寡妇诗》《寡妇赋》。前者主要写思夫之悲痛，后者主要写寡妇的孤独与悲伤，诗、赋合在一起，全面地记叙了阮瑀之妻孤独凄凉的处境和悲痛的内心世界。

全赋可分为三个部分。前六句为第一部分，陈述夫君去世后的孤独与悲伤。"惟生民"二句写人在什么情况下常感悲伤。从正面提出只有身处艰险危难之境的孤独者才常感到悲伤。一般人的悲伤是短暂的，而孤寡者无依无靠，悲伤没有尽头。下面四句具体写寡妇为什么"常悲"。"人皆"二句写"常悲"的原因之一。因为别人家里欢欢乐乐，而寡妇孤苦伶仃、无依无靠，所以"常悲"。"抚遗孤"二句写"常悲"的原因之二。寡妇抚摸遗孤，满腔的哀伤无处诉说，所以"常悲"。人在悲痛时，有倾诉对象，可以减压释放一些忧愁；无处诉说，更加重了忧愁。中间十句为第二部分，预想寡妇日后的孤独与悲伤。"三辰"二句写四时交替、寒暑轮流，概述一年四季枯燥无味的生活。"历夏日"八句具体写夏、秋、冬三季孤独凄凉的生活。夏日难熬在"苦长"。一年四季，夏日白天最长，寡妇必然度日如年。秋日难熬在夜"漫漫"。秋日白霜铺满庭院，燕雀从面前飞过，长夜无边无际，寡妇饱受煎熬。冬日难熬在"时寒"。滴水成冰，雪花飞舞，寡妇如坠冰窖。"伤薄命"二句为第三部分，写寡妇自伤自怜。其伤的是孤独命薄，怜的是精神痛苦。第三部分是在第一部分、第二部分陈述孤独的基础上抒发悲伤的心情。

　　本篇的文体是赋。赋是我国古代的一种有韵的文体，介乎诗与散文之间，类似今天的散文诗。以屈原为代表的"骚体"是诗向赋的过渡，又称"骚赋"。为什么上篇被称为"骚体诗"，这一篇被称为"骚体赋"？赋与诗的特点有诸多不同，其中内容方面，赋倾向于描写和陈述。本篇共十八句，前十六句都是描写和陈述寡妇的孤独与悲痛，更符合赋的特点，所以前人把前一篇称为诗，把这一篇称为赋，以示区别。

文选

与吴质书①

二月三日，丕白②：

岁月易得，别来行复四年。③三年不见，《东山》犹叹其远，况乃过之。④思何可支！⑤虽书疏往返，未足解其劳结。⑥

昔年疾疫，亲故多离其灾，徐、陈、应、刘，一时俱逝，痛可言邪！⑦昔日游处，行则连舆，止则接席，何曾须臾相失。⑧每至觞酌流行，丝竹并奏，酒酣耳热，仰而赋诗。⑨当此之时，忽然不自知乐也。⑩谓百年己分，可长共相保。⑪何图数年之间，零落略尽？⑫言之伤心。⑬顷撰其遗文，都为一集。⑭观其姓名，已为鬼录。⑮追思昔游，犹在心目，而此诸子，化为粪壤，可复道哉！⑯

观古今文人，类不护细行，鲜能以名节自立。⑰而伟长独怀文抱质，恬淡寡欲，有箕山之志，可谓彬彬君子者矣。⑱著《中论》二十余篇，成一家之言，辞义典雅，足传于后,此子为不朽矣。^⑲德琏常斐然有述作之意,其才学足以著书。^⑳美志不遂,良可痛惜。^㉑间者历览诸子之文,对之抆泪。^㉒既痛逝者,行自念也。^㉓孔璋章表殊健,微为繁富。^㉔公幹有逸气,但未遒耳,其五言诗之善者,妙绝时人。^㉕元瑜书记翩翩,致足乐也。^㉖仲宣独自善于辞赋,惜其体弱,不足起其文。^㉗至于所善,古人无以远过。^㉘昔伯牙绝弦于钟期,仲尼覆醢于子路,痛知音之难遇,伤门人之莫逮。^㉙诸子但为未及古人,自一时之隽也。^㉚今之存者,已不逮矣。^㉛后生可畏,来者难诬,然恐吾与足下不及见也。^㉜

年行已长大,所怀万端。^㉝时有所虑,至通夜不瞑,志意何时复类昔日?^㉞已成老翁,但未白头耳!^㉟光武言:"年三十余,在兵中十岁,所更非一。"^㊱吾德不及之,年与之齐矣。^㊲以犬羊之质,服虎豹之文;无众星之明,假日月之光。^㊳动见瞻观,何时易乎?^㊴恐永不复得为昔日游也!^㊵少壮真当努力,年一过往,何可攀援?^㊶古人思秉烛夜游,良有以也。^㊷

顷何以自娱?颇复有所述造不?^㊸东望於邑,裁书叙心。丕白。^㊹

【译注】

①据《三国志》卷二十一注引《魏略》载,曹丕给吴质

的信共有三封，这封信是第二封。吴质，字季重，济阴（郡治今山东定陶西北）人，三国魏文学家。建安中为朝歌长，迁元城令，与曹丕、曹植为好友。有书笺三篇（答曹丕两篇，答曹植一篇），收录于《昭明文选》，另有《思慕诗》存世。

②〔二月三日，丕白〕二月三日，曹丕说。

③〔岁月易得，别来行复四年。〕时间过得真快，分别且又四年了。岁月易得，指岁月容易增加。行复，且又。

④〔三年不见，《东山》犹叹其远，况乃过之。〕三年未见面，《东山》诗已经感叹离别久远，况且我们分别还超过了这个时间。《诗经·豳风·东山》："我徂东山，慆慆不归。……自我不见，于今三年。"此处意思是说三年不见，相隔太久。远，时间久远。过之，指超过三年。

⑤〔思何可支！〕思念之情怎么能忍受！思，思念之情。支，支持，忍受。

⑥〔虽书疏往返，未足解其劳结。〕虽然我们之间有书信往来，但不足以排解自己心中的忧郁。书疏，书信。劳结，因忧愁而产生的郁结，即忧郁。劳，忧愁。结，郁结。

⑦〔昔年疾疫，亲故多离其灾，徐、陈、应、刘，一时俱逝，痛可言邪（yé）！〕往年流行瘟疫，亲属朋友很多人都遭受这个灾难，徐幹、陈琳、应场、刘桢一时间都去世了，悲痛怎么可以说啊！昔年疾疫，指建安二十二年（217）发生的瘟疫。离，通"罹"，遭遇。徐，徐幹，字伟长。陈，陈琳，字孔璋。应，应场，字德琏。刘，刘桢，字公幹。邪，即

"耶"，句末语气词，表示疑问或反问。

⑧〔昔日游处，行则连舆，止则接席，何曾须臾（xū yú）相失。〕过去交游相处，出行时则车与车相连，休息时则座位与座位相接，未曾分开一会儿。连舆，车连着车。席，指铺在座位上的席子，类似于今天的坐垫。须臾，片刻。相失，互相分离。

⑨〔每至觞酌（zhuó）流行，丝竹并奏，酒酣耳热，仰而赋诗。〕每到传杯接盏互相敬酒时，管弦齐奏，酒喝得正高兴的时候，仰面吟诗。觞酌，饮酒器具，也指饮酒。丝，指琴瑟等弦乐器。竹，指笛箫等管乐器。

⑩〔当此之时，忽然不自知乐也。〕在当时，我漫不经心地没感觉到自己身处快乐之中。忽然，表示不经意或漫不经心。不自知，不知自。

⑪〔谓百年已分（fèn），可长共相保。〕认为长命百岁是自己本来应有的，大家可以长期共同保持同处不散。已分，自己分内。相保，互相保有，一起保有。

⑫〔何图数年之间，零落略尽?〕怎么料到几年之间，大家几乎全离开了？图，预料，料想到。零落，本指草木凋零，此指人死亡。略尽，差不多全部。

⑬〔言之伤心。〕说起这些令人伤心。

⑭〔顷撰（zhuàn）其遗文，都为一集。〕不久之前，编订他们的遗作，总共辑为一部集子。顷，最近，近来。撰，写，著，此指编订。都，凡，共。

⑮〔观其姓名，已为鬼录。〕看他们的姓名，已进死人的名册。鬼录，指死者的名录。

⑯〔追思昔游，犹在心目，而此诸子，化为粪壤，可复道哉！〕回想从前的交游，好像就在眼前，而此诸君已化为粪土，又有什么可说的呢！游，交游，来往。心目，心与眼，泛指内心，引申为眼前。化为粪壤，指死亡。粪壤，腐土，指已死的人。

⑰〔观古今文人，类不护细行，鲜能以名节自立。〕观察古今文人，大多数不注意自己的小节，少有人能以名誉节操自立于世。类，大抵，大都。护，护短，庇护短处。细行，细小行为。鲜，少。名节，名誉和节操。

⑱〔而伟长独怀文抱质，恬（tián）淡寡欲，有箕（jī）山之志，可谓彬彬君子者矣。〕然而惟有伟长既文雅又质朴，清静淡泊，不求名利，有许由隐居箕山的志向，可以称得上文质兼备的君子啊！怀文抱质，文质兼备。文，文雅，指人的仪表风度。质，质朴，诚实，指人内在的品质。古时用"文质兼备"形容人既文雅又符合礼法。箕山之志，指尧让天下给许由，许由不接受而躲避于箕山的事。彬彬，指文质兼备的样子。

⑲〔著《中论》二十余篇，成一家之言，辞义典雅，足传于后，此子为不朽矣。〕所著的《中论》有文章二十余篇，自成一家之言，辞章优美不俗，可以传于后世，伟长永垂青史。《中论》，徐幹著，是一部政论性著作，分上、下两卷，

共二十篇。成一家之言，意思是学问自成体系和派别。汉司马迁《报任少卿书》："亦欲以究天人之际，通古今之变，成一家之言。"

⑳〔德琏常斐（fěi）然有述作之意，其才学足以著书。〕德琏常常文采焕发有从事著述的意思，他的才学也可以著书。斐然，文采焕发的样子。述作，著述，写作。

㉑〔美志不遂（suì），良可痛惜。〕美好的志向没有实现（人就去世），确实应该痛心惋惜。遂，成功。良，确实。

㉒〔间（jiàn）者历览诸子之文，对之抆泪。〕最近看遍了诸子的文章，为之而流泪。间者，近来。抆泪，擦眼泪。

㉓〔既痛逝者，行自念也。〕既哀痛死者，又想到自己。逝者，死去的人。自念，念自，想到自己。

㉔〔孔璋（zhāng）章表殊健，微为繁富。〕孔璋的奏章、奏表，写得特别刚健，稍嫌辞采繁多了一些。孔璋，陈琳的字。章表，均为臣子给皇帝的报告。章，进言陈事的文书。表，进言陈事的表文，后亦泛称用于较重大事件的文体，如诸葛亮《前出师表》。殊健，特别刚健有力。繁富，指言辞华美。

㉕〔公幹有逸（yì）气，但未遒（qiú）耳，其五言诗之善者，妙绝时人。〕公幹有奔放的气势，但不够强健，他的五言诗中的佳作，精妙超过同时代的人。公幹，刘桢的字。逸气，奔放的气势。逸，奔。遒，强劲，有力。

㉖〔元瑜书记翩翩，致足乐也。〕元瑜的书信文章，文

采飞扬，读了令人十分快乐。书记，犹书牍，文体名，信函之类的通称，一般用于私人之间往来。翩翩，形容辞采美妙。致，至，极。足，足够。

㉗〔仲宣独自善于辞赋，惜其体弱，不足起其文。〕仲宣独自擅长辞赋写作，可惜他的风格纤弱，不足以使文气兴起。仲宣，王粲的字。独，一作"续"。体弱，指内在的功力不强，即气质弱。起其文，使文气兴起。曹丕认为："文以气为主，气之清浊有体。"（《典论·论文》）

㉘〔至于所善，古人无以远过。〕至于他所擅长的方面，古人没有人超过他很远。无以，没有（谁）。过，超过。

㉙〔昔伯牙绝弦于钟期，仲尼覆醢（hǎi）于子路，痛知音之难遇，伤门人之莫逮（dài）。〕从前伯牙因钟子期死而毁琴绝弦，孔子因子路死倒掉肉酱，（伯牙）痛惜知音难遇，（孔子）伤感门生没有人赶上子路。钟期，钟子期。传说春秋时伯牙善弹琴，只有钟子期是知音，钟子期死，俞伯牙毁琴，从此不再弹琴。仲尼，孔子的字。醢，肉酱。子路，仲由的字。知音，懂音律的人，比喻知己。门人，门生，学生。莫逮，不及。孔子得知自己的学生被卫国人杀害，并被剁成肉酱，吩咐立即倒掉家里的肉酱，并从此不再吃肉酱。

㉚〔诸子但为未及古人，自一时之隽（jùn）也。〕上面诸君只是不及古人，自然是一代的杰出人才。但为，只是。自，自然，当然。隽，同"俊"，才能出众的人。

㉛〔今之存者，已不逮矣。〕当今活着的人已经赶不上

他们了。

㉜〔后生可畏，来者难诬（wū），然恐吾与足下不及见也。〕后生可畏，对未来的人不能妄说，然而恐怕我与阁下都看不到了。可畏，令人敬畏。诬，诽谤。

㉝〔年行已长大，所怀万端。〕年龄已大，心中所想千头万绪。年行，行年，年龄。万端，极多而纷繁。

㉞〔时有所虑，至通夜不瞑（míng），志意何时复类昔日？〕时时都有所思虑，以至于通夜不能入眠，什么时候再像以前一样？瞑，闭上眼睛。志意，意志，心理状态。

㉟〔已成老翁，但未白头耳！〕已成为老头，只是头发未白罢了！

㊱〔光武言："年三十余，在兵中十岁，所更（gēng）非一。"〕东汉光武帝说："（他）三十多岁，在军中十年，所经历的不止一件事。"光武，东汉光武帝刘秀。更，经历。

㊲〔吾德不及之，年与之齐矣。〕我的品德不如他，年龄与他一样大了。

㊳〔以犬羊之质，服虎豹之文；无众星之明，假日月之光。〕以狗羊的身体，披虎豹的皮毛；没有众星的光芒，而凭借着日月的光辉。曹丕谦称自己登上太子之位，没有应有的才德，完全凭借父亲曹操之力而取得高位。质，本体，指身体。服，穿，披。文，纹理，此指皮毛。假，借。日月，比喻皇帝、皇后，此处喻指曹操。

㊴〔动见瞻观，何时易乎？〕（自己当上太子后）一举一

动被人注意，什么时候才能改变？动，行动。见，被。易，改变。

⑩〔恐永不复得为昔日游也！〕恐怕永远不再有从前那样的游玩了！

⑪〔少壮真当努力，年一过往，何可攀（pān）援？〕年轻的时候的确应当努力，年华一过去，怎么可以挽回？少壮，年轻力壮。攀援，挽留。

⑫〔古人思秉（bǐng）烛夜游，良有以也。〕古人想点灯夜间游乐，确实有道理啊！秉，拿着，一作"炳"。良，确实。有以，有原因，有道理。

⑬〔顷何以自娱？颇复有所述造不（fǒu）？〕最近你用什么来自寻乐趣，又有不少著作吧？顷，最近。颇复有，又有。述造，著作。不，同"否"。

⑭〔东望於邑（wū yì），裁书叙心。丕白。〕东望哽咽流泪，写这封信来抒发情感。曹丕说。於邑，哽咽，泣不成声。裁书，写信。叙心，抒怀。

【鉴赏】

曹操不仅是杰出的政治家、军事家，而且是杰出的文学家。他凭借政治上的领导地位，广泛地搜罗文人，奖掖人才，鼓励创作。曹操还用自己创造性的作品开创了文学上的新风气。在曹操的倡导和鼓励下，他周围很快形成了一支文学创作队伍。"建安七子"是建安文学的代表人物。孔融之外，其余六子都是曹氏集团的僚属和邺下文人中的重要作家。曹丕在邺下文人集团形成中起了重要作用。曹丕自幼习文，能诗善文，在创作上成绩斐然。更重要的是他的政治地位，他是曹操的贵公子，建安十六年（211）任五官中郎将，置官属，为副丞相，文人向慕，宾客盈门。曹丕又喜欢交朋友，经常举办游宴，大家唱和诗赋，沉浸在游乐诗酒中。就在建安文学鼎盛时期，建安诸子突然群星陨落。建安十七年（212），阮瑀去世；建安二十二年（217）春，王粲病逝；是年冬，在一场灾疫中，徐幹、陈琳、应玚、刘桢病逝。众星的陨落，对曹丕打击很大，他深感人生无常，生命宝贵，无限留恋昔日"酒酣耳热，仰而赋诗"的文友共处的时光，于是于建安二十三年（218）给好友吴质写下了这封饱含深情的书信。

书信全文可分为五个部分。开头至"未足解其劳结"为第一部分，写对好友吴质的思念。作者首先感叹"岁月易得"，不觉分别已经四年，表达了对时光流逝的痛惜。信中接着引用典故，通过古今比较，进一步强调离别的时间太久。《诗经》里的《东山》诗中感叹三年不见已经很久，更何况彼此分离已经四年，超过三年，古今比较，说明悲欢离合古今亦然，增强了文学意味。作者最后写对吴质思念之深。思念已到了无法忍受的程度，虽有书信往来，但远不能排解心中的郁结。

　　"昔年疾疫"至"可复道哉"为第二部分，写作者对诸
子永诀的悲痛。"昔年"五句写对徐、陈、应、刘四子俱逝
的痛惜。此四子是在建安二十二年（217）冬天的那场疾疫
中一下子离世的，整个文坛犹如天塌一般，幸存者的悲痛难
以用语言来形容。"昔日"八句写昔日一同游处的友人如何
沉浸在诗酒欢乐之中。"行则连舆，止则接席"，何等亲密！
"觞酌流行，丝竹并奏"，何等欢乐！ "酒酣耳热，仰而赋
诗"，何等浪漫！这八句在全文中最为精彩。"当此"七句写
作者如何"言之伤心"。作者写昔日共处之乐正淋漓尽致时，
忽然笔锋一转，发表长达七句的议论，感叹人生无常。昔日
同游共处无比欢乐时，认为是理所当然，百年不变，哪里知
道风云突变，天空一下子暗了下来，群星"零落略尽"，怎
么不叫人痛心疾首？"顷撰"九句写作者编辑诸子遗作时的
沉痛心情。一年之前，大家整天厮守在一起，现在已分隔在
阴阳两处，明明诸子有说有笑仿佛站在眼前，怎么已"化为
粪壤"？其悲痛无法用语言表达。这一段文字，描述了作者由
欢乐到惊愕、到悲痛的情态，感情跌宕起伏，充分表达了作
者对诸子逝去的无比痛心之情。

　　从"观古今文人"到"然恐吾与足下不及见也"为第三
部分，写对六子文章的评价及对他们的总体评价，从而表达
无限哀思。"观古"十二句评价徐幹。作者首先赞扬他的品
德，古今文人都不注重生活中的细小行为，而徐幹独自"怀
文抱质，恬淡寡欲，有箕山之志"，称之为"彬彬君子者

矣"，可见其德行之高。然后赞扬他的文章，其文章"成一家之言"，"足传于后，此子为不朽矣"。评价之高，无人能比。"德琏"四句评价应玚。应玚文采飞扬，并有著述的志向，可惜英年早逝，"美志不遂"，表达了十分惋惜的心情。"间者"四句写曹丕历览诸子之文的悲怆心情，既哀痛逝者，又敏感地思考自己。"孔璋"二句评价陈琳。其优点是章、表两种文体写得刚健有力，略显不足的是华美的辞藻太多。"公幹"四句评价刘桢，指出他的作品气势很大，但底气不足。值得称道的是，其五言诗写得特别好。"元瑜"二句评价阮瑀，书信写得好，读后令人十分快乐。"仲宣"五句评价王粲，其文字之多仅次于徐幹。王粲擅长辞赋，遗憾的是其文气质弱了一些，不足以使他的文气兴起。然而王粲优势之处，古人远远难以超过他。从"昔伯牙"到此段最后，写对诸子总的评价。文中首先引用"伯牙绝弦于钟期，仲尼覆醢于子路"的典故，感叹知音难遇；接着写诸子只是不及古人，在当今世上无人能及，即使在将来是否有人超过，也很难说。由此可见作者对诸子整体评价之高。

"年行已长大"到"良有以也"为第四部分，叹息时光飞快，表达要珍惜光阴的决心。"年行"七句作者感叹自己年龄已大。由于"年行已长大"，昔日不可回，作者心里很焦虑，"至通夜不瞑"。"光武"六句，拿自己与贤君比较，年龄一样大，德行却不及，进一步显示焦虑的情绪。"以犬羊"四句写自己贵为太子，地位虽然显赫，却没有应有的功德，一切全凭父王奠定，再一次流露出时光易逝、功业未建的焦虑心情。"动见"八句深切地感慨永远回不到昔日与文友同游的愉快时光，感慨古人珍惜光阴、秉烛夜游确实是有道理的。作者在叹息和感慨声中隐约地表达了珍惜光阴、不虚度人生的决心。

最后一段为第五部分，写对吴质的问候。首尾两段属书信常用语，中间四段是文章的主体。

这篇文章是写给友人的书信，首尾两段是古代标准的书笺用语。书信从文章体裁来说是应用文，但从文章的内容来看，主要篇幅是评价建安诸子，重点是评论他们的文章，因此，历来把这篇书信看作文学批评的名作。曹丕在评价诸子文章时，并没有因为心情的沉重、对逝者的思念而多用溢美之词，而是实事求是地、中肯地提出自己的看法，既指出作家的长处与优势，也列举作家的短处与弱点。作者还把对作家的评价上升到文学理论的高度，提出"逸气"这个概念。曹丕的所谓"逸气"就是文章中表现出的清高、俊逸的才气，和后世评论家所说的"建安风骨"的概念是相通的。这篇文章在文学批评史上有着重要的意义，受到后世文学史家的重视。

这篇文章不仅是一篇文学批评的论说文，而且是一篇文学性很强的散文。这篇散文，文情并茂，一股浓郁的情感贯穿全文。这股情感由思念生者挚友吴质发端，到悲伤失去昔日同游共处的文友，到悲伤社会失去一群文学精英，到由人及己，作者伤感自己年岁已大，从而生出岁月易逝、功业未成的焦虑。这股浓郁的悲伤、焦虑的情感表现在对昔日同游共处欢乐生活的叙述之中。"昔日游处，行则连舆……当此之时，忽然不自知乐也。"写昔日的欢乐，就是反衬今日的悲伤。这股情感表现在叙述描写之后的抒怀之中。"……追思昔游，犹在心目，而此诸子，化为粪壤，可复道哉！"作者边叙述边抒情，表达了无限哀思。这股情感还表现在写时光飞逝、未建功业的议论文字之中。"至通夜不瞑，志意何时复类昔日？""吾德不及之，年与之齐矣。""年一过往，何可攀援？"作者感叹人生苦短，往日不可追，来日须珍惜！这股悲伤焦虑的情感渗透到全文每一句每一字之中。这股情感打动和感染了古今无数读者。

典论·论文①

　　文人相轻，自古而然。②傅毅之于班固，伯仲之间耳。③而固小之，与弟超书曰："武仲以能属文，为兰台令史，下笔不能自休。"④夫人善于自见，而文非一体，鲜能备善。⑤是以各以所长，相轻所短。⑥里语曰："家有弊帚，享之千金。"⑦斯不自见之患也。⑧

　　今之文人，鲁国孔融文举，广陵陈琳孔璋，山阳王粲仲宣，北海徐幹伟长，陈留阮瑀元瑜，汝南应玚德琏，东平刘桢公幹。⑨斯七子者，于学无所遗，于辞无所假，咸以自骋骥骔于千里，仰齐足而并驰。⑩以此相服，亦良难矣。⑪盖君子审己以度人，故能免于斯累而作《论文》。⑫

　　王粲长于辞赋，徐幹时有齐气，然粲之匹也。⑬如粲之《初征》《登楼》《槐赋》《征思》，幹之《玄猿》《漏卮》《圆扇》《橘赋》，虽张、蔡不过也。⑭然于他文，未能称是。⑮琳、瑀之章表书记，今之隽也。⑯应玚和而不壮。⑰刘桢壮而不密。⑱孔融体气高妙，有过人者，然不能持论，理不胜辞，以至乎杂以嘲戏，及其所善，扬、班俦也。⑲

常人贵远贱近，向声背实，又患暗于自见，谓己为贤。⑳夫文本同而末异。㉑盖奏议宜雅，书论宜理，铭诔尚实，诗赋欲丽。㉒此四科不同，故能之者偏也，唯通才能备其体。㉓

文以气为主，气之清浊有体，不可力强而致。㉔譬诸音乐，曲度虽均，节奏同检，至于引气不齐，巧拙有素。㉕虽在父兄，不能以移子弟。㉖

盖文章，经国之大业，不朽之盛事。㉗年寿有时而尽，荣乐止乎其身，二者必至之常期，未若文章之无穷。㉘是以古之作者，寄身于翰墨，见意于篇籍，不假良史之辞，不托飞驰之势，而声名自传于后。㉙故西伯幽而演《易》，周旦显而制《礼》，不以隐约而弗务，不以康乐而加思。㉚夫然，则古人贱尺璧而重寸阴，惧乎时之过已。㉛而人多不强力，贫贱则慑于饥寒，富贵则流于逸乐，遂营目前之务，而遗千载之功。㉜日月逝于上，体貌衰于下，忽然与万物迁化，斯志士之大痛也！㉝融等已逝，唯幹著《论》，成一家言。㉞

【译注】

①《典论》，书名，曹丕著。原书已散佚，唯《自叙》见《三国志》裴松之注，《论文》收录于《文选》，其余文章仅片断散见于其他书引录。

②〔文人相轻，自古而然。〕文人之间互相看不起，自古以来就是这样。相轻，互相轻视。然，如此。

③〔傅毅之于班固，伯仲之间耳。〕傅毅的文才对于班固来说，相差不多。傅毅，字武仲，东汉扶风茂陵（今陕西兴平东北）人，文学家。汉章帝时为兰台令史，和班固等同校内府藏书。著有《舞赋》《七激》等作品。《后汉书》有传。班固，字孟坚，东汉扶风安陵（今陕西咸阳东北）人，史学家、文学家。汉明帝时召为兰台令史，后迁为郎，典校秘书。撰有《汉书》《白虎通义》等。伯仲之间，老大、老二之间，比喻差不多，难分上下。

④〔而固小之，与弟超书曰："武仲以能属（zhǔ）文，为兰台令史，下笔不能自休。"〕然而班固看不起他，在给其弟班超的书信中说："武仲凭借能写文章，做了兰台令史，但他写东西冗长。"小之，小看他。之，指傅毅。超，班超，字仲升。属文，连缀字句成文，即写文章。兰台令史，官名，东汉始置，掌管书籍整理和办理书奏。兰台，汉时宫中藏书机关。不能自休，不能停止，指文章冗长。

⑤〔夫人善于自见，而文非一体，鲜能备善。〕人善于看到自己的长处，但文章并非一种体裁，很少有人擅长写各

种体裁的文章。自见，看到自己的长处。鲜，少。备善，尽善，全优。

⑥〔是以各以所长，相轻所短。〕因此各以自己的长处，轻视别人的短处。

⑦〔里语曰："家有弊帚，享之千金。"〕俗话说："家里有把破旧的扫帚，也把它当作千金之物看待。"里语，俚语，俗语。弊帚，破旧的扫帚。享之千金，享有千金价值。

⑧〔斯不自见之患也。〕这是看不见自己短处的弊病啊！

⑨〔今之文人，鲁国孔融文举，广陵陈琳孔璋，山阳王粲仲宣，北海徐幹伟长，陈留阮瑀元瑜，汝南应玚德琏，东平刘桢公幹。〕今天的文人，鲁国的孔融文举、广陵的陈琳孔璋、山阳的王粲仲宣、北海的徐幹伟长、陈留的阮瑀元瑜、汝南的应玚德琏、东平的刘桢公幹。鲁国，春秋诸侯国名，今山东泰山以南的汶、泗、沂、沭水域，为春秋时鲁地，秦汉以后仍沿称为"鲁"。广陵，郡名，三国魏治淮阴（今江苏淮安市淮阴区）。山阳，郡名，治所在今山东金乡西北。北海，郡名，东汉改为国，治所为剧县（今山东昌乐西）。陈留，郡名，治所为陈留（今河南开封东南）。汝南，郡名，治所为平舆（今河南平舆北）。东平，郡、国名，治所为无盐（今山东东平东南）。

⑩〔斯七子者，于学无所遗，于辞无所假，咸以自骋骥骤（lù）于千里，仰齐足而并驰。〕这七人，在学术上都很全面，没有遗漏之处，在文章上都有创新，没有因袭他人，都

凭借自己才能驱骏马于千里，在文坛上并驾齐驱。七子，指上文所说的孔融等七人，即文学史上所称的"建安七子"。无所遗，没有遗漏。辞，文辞，文章。无所假，没有假借，指不因袭他人。骥骤，泛指骏马。仰齐足，指各恃其才。仰，恃。并驰，指不分上下、齐头并进。

⑪〔以此相服，亦良难矣。〕因此要让他们相互佩服，也实在困难啊！相服，互相钦佩。良，确实。

⑫〔盖君子审己以度（duó）人，故能免于斯累（lèi）而作《论文》。〕德才兼备的人，先审察自己，然后衡量别人，所以能免于文人相轻的毛病，于是我写了这篇《论文》。盖，发语词，无实在意思。君子，有学问、有修养、品德高尚的人。审己，审查自己。度人，揣测别人。累，毛病。

⑬〔王粲长于辞赋，徐幹时有齐气，然粲之匹也。〕王粲擅长辞赋，徐幹的辞赋虽然时有齐俗文体舒缓之气，但仍然和王粲的水平相匹敌。齐气，齐人文章的风气。言齐俗文体舒缓，而徐幹亦有所累，这里指徐幹的文章有时气势舒缓。

⑭〔如粲之《初征》《登楼》《槐赋》《征思》，幹之《玄猿》《漏卮》《圆扇》《橘赋》，虽张、蔡不过也。〕如王粲的《初征》《登楼》《槐赋》《征思》，徐幹的《玄猿》《漏卮》《圆扇》《橘赋》，即使是张衡、蔡邕的作品也难以与其相比。张，张衡，字平子，东汉南阳西鄂（今河南南阳市石桥镇）人，科学家、文学家。擅长辞赋，今传者有《西京赋》《东京赋》等。蔡，蔡邕，字伯喈，东汉陈留圉（今河

南杞县西南）人，文学家。少博学，好辞章，后人辑其文为《蔡中郎集》。

⑮〔然于他文，未能称是。〕然而他们其他体裁的文章，却不能与此相称。他文，辞赋之外的文章。称是，与此相符合。称，符合，相称。是，此，指辞赋。

⑯〔琳、瑀之章表书记，今之隽也。〕陈琳、阮瑀的奏章文告，是当今最出众的。书记，指用以记事的书写文字。隽，同"俊"，杰出。

⑰〔应玚和而不壮。〕应玚文章的风格，平和而不雄壮。和，指文章语言平和舒缓。壮，指语言刚健有力。

⑱〔刘桢壮而不密。〕刘桢文章的风格雄壮但不绵密。密，指文章语言细密。

⑲〔孔融体气高妙，有过人者，然不能持论，理不胜辞，以至乎杂以嘲戏，及其所善，扬、班俦（chóu）也。〕孔融的风韵气度高雅，有过人之处，然而不善于论说，辞藻优美胜过透彻说理，甚至夹杂嘲讽和戏弄词语。至于说到他所擅长的文体，可以和扬雄、班固为同流。体气，气度。持论，立论。理不胜辞，辞藻超过说理。扬、班俦也，和扬雄、班固是同一类。扬，扬雄，字子云，西汉蜀郡成都（今四川成都市）人。长于辞赋，后人辑其文为《扬侍郎集》。班，班固。俦，同辈。

⑳〔常人贵远贱近，向声背实，又患暗于自见，谓己为贤。〕一般人看重前人，轻视今人，重视虚名，不重实际，又

患有无自知之明的毛病，总认为自己贤能。贵远贱近，以远为贵，以近为贱。远，指前人。近，指当今人。向声背实，崇尚名声，背弃实际。暗于自见，短于自见，即无自知之明。暗，糊涂，愚昧不明。

㉑〔夫文本同而末异。〕文章语言表达内容的本质是相同的，而表达形式的末节是不同的。夫，发语词，无实义。本，文章的本质，指文以载道，即文章是为了说明道理的。末，指文章的体裁、表达形式，如下文所说的奏议等文体的特点。

㉒〔盖奏议宜雅，书论宜理，铭诔（lěi）尚实，诗赋欲丽。〕因此奏议要典雅，书信、政论文要说理明白，铭文、诔文崇尚真实，诗歌、辞赋应当华丽有文采。奏议，文体名，古代臣属进呈帝王奏章的统称。书论，书信和政论文。理，清楚，有条理。铭诔，铭文和诔文。铭文，器物、碑碣上的文字。诔文，悼念死者的文字。实，真实。诗赋，诗歌与辞赋。辞赋，古代的一种文体，汉朝人集屈原等所作的赋称为"楚辞"，后人泛称赋体作品为"辞赋"。

㉓〔此四科不同，故能之者偏也，唯通才能备其体。〕这四类文章体裁不相同，所以能擅长的人一般偏于某一方面，只有全才能具备写作的整体才能。科，门类。偏，仅注重某方面。通才，指学识广博、兼备多种才能的人。体，事物的本体、主体。

㉔〔文以气为主，气之清浊有体，不可力强而致。〕文

章体现的主要是文气，文气的清与浊各有根源，不可以强力达到。气，文气，既指作者的气质、才气、志趣等，又指文字作品所展现出来的一种充盈流转的精神活力。清浊，指清、浊的气质。清，阳刚的气质。浊，阴柔的气质。体，根本，根源。致，达到。

㉕〔譬诸音乐，曲度虽均，节奏同检，至于引气不齐，巧拙有素。〕譬如音乐，曲谱虽然一样，节奏为同一个格式，由于运气不一致，巧拙各有根源。诸，兼词，之于。之，指文章。曲度，歌曲的节拍、音调。均，相等，相同。检，法度，格式。引气，运气，指吹奏者用气。有素，本来具有，原有。

㉖〔虽在父兄，不能以移子弟。〕即使父兄具备的音乐技巧，也不能把它传给子弟。虽，即使。移，传。

㉗〔盖文章，经国之大业，不朽之盛事。〕写文章，是关系到治国的大业，是不朽的盛事。经国，治理国家。不朽，指写文章立言永不磨灭。《左传》："太上有立德，其次有立功，其次有立言，虽久不废，此之谓不朽。"

㉘〔年寿有时而尽，荣乐止乎其身，二者必至之常期，未若文章之无穷。〕寿命到了一定的时候就终结，荣誉欢乐只限自己的一生，年寿和荣乐必终止于一定的期限，不像文章那样永远流传。年寿，人的寿命。荣乐，荣华逸乐。常期，一定的期限。

㉙〔是以古之作者，寄身于翰墨，见（xiàn）意于篇籍，

不假（jiǎ）良史之辞，不托飞驰之势，而声名自传于后。〕因此，古代的作者，投身于写作，把自己的观点表现在文章书籍中，不借助优秀史家的言辞，不依靠显赫的权势，而声名自然流传于后世。翰墨，笔和墨，此指写文章。见，同"现"，表现。假，借用。飞驰之势，指飞黄腾达的权势。

㉚〔故西伯幽而演《易》，周旦显而制《礼》，不以隐约而弗务，不以康乐而加思。〕所以周文王被幽禁而推演出《易》，周公地位显赫而制《礼》，既不因为穷困而不投身于事业，也不因为富贵安乐而改变志向。西伯，周文王，商纣王曾将文王囚在羑里，文王在此期间推演《易》作卦辞。周公平定了管、蔡之敌，归而制定礼法。隐约，穷困。弗务，不致力于（事业）。康乐，安乐。加思，转移想法。

㉛〔夫然，则古人贱尺璧而重寸阴，惧乎时之过已。〕这样，古人就把一尺长的玉璧看得很轻，却把一寸光阴看得很重，惧怕时光流逝罢了。夫然，这样。夫，发语词，无实义。尺璧，一尺长的玉璧。璧，古代的一种玉器，圆形，扁平，正中有孔。已，罢了。

㉜〔而人多不强力，贫贱则慑于饥寒，富贵则流于逸乐，遂营目前之务，而遗千载之功。〕而多数人不知努力，贫穷则害怕饥寒，富贵则沉湎于闲适安乐，于是只经营眼前的事务，而放弃了流传千载的功业。强力，努力。慑，惧怕。流，放纵。功，功业，此指著书立说。

㉝〔日月逝于上，体貌衰于下，忽然与万物迁化，斯志

士之大痛也！〕太阳和月亮在天上运行，而人的模样在地上衰老，忽然间与万物一样死亡，这是有志之士最大伤痛的事啊！逝，行也。体貌，体态容貌。迁化，变化，指人死。

㉞〔融等已逝，唯幹著《论》，成一家言。〕孔融等人已经去世了，只有徐幹著述的《中论》一书，成为一家之言。曹丕《与吴质书》："（徐幹）著《中论》二十余篇，成一家之言，辞义典雅，足传于后，此子为不朽矣。"

【鉴赏】

《论文》既论文章，也论文人，但主要论文章。《论文》所说的文章包括奏议、书论、铭诔、诗赋四科，涵盖了当时文人创作的各种体裁。从其表达形式看有记叙、议论和说明，从文章功用看有政论、应用和文艺作品。在中国古代的文章中，文学作品和非文学作品不像今天分得这么清楚，许多议论、记叙甚至说明的文章里，都有人物形象的描写和思想感情的抒发，具有很强的文学性。司马迁的《史记》，既是伟大的史学著作，也是传记文学的代表。先秦的许多政论文，都是散文作品名篇。《论文》里所说的奏议、书论以及铭诔常常有很多文学成分。作者在这里论文，偏重论作者的文学素养、作品的风格、语言的色彩，实际上是在论文学。曹丕的《论文》是现存的第一篇有名的文学批评专著。

全文可分为三个部分。第一、二两个自然段为第一部分，主要是论文人，批评"文人相轻"的恶习。文中首先列举班固轻视傅毅的例子。傅毅与班固水平不相上下，班固却在给弟弟的信中说傅毅不行，"下笔不能自休"。接着作者分析产生这种恶习的原因是"各以所长，相轻所短"；并引用俚语"家有弊帚，享之千金"，指出其本质是缺少自知之明。文中紧接着写"建安七子""于学无所遗，于辞无所假，咸以自骋骥骤于千里，仰齐足而并驰"的众星灿烂盛况，并提出自己的判断："以此相服，亦良难矣。"最后作者表达了写作此文的用心："盖君子审己以度人，故能免于斯累而作《论文》。"

第三、四、五自然段为第二部分，逐一分析七子文章长处与不足，论述"文本同而末异"和"文以气为主"的文学观点。

作者分析七子文章是通过相互比较展开的，认为"王粲长于辞赋，徐幹时有齐气"，二人各有所长，水平相当，并以他们的作品为证，得出张衡、蔡邕也不能超过他们的结论。同时指出，辞赋之外，王粲、徐幹的其他作品水平只一般，"未能称是"。作者评价陈琳、阮瑀的作品时，肯定了他们的章、表和书记，认为才学出众。在评价应场和刘桢的作品时，作者认为其各有所长，前者"和而不壮"，后者"壮而不密"。作者对孔融，首先评价极高，认为其"体气高妙，有过人者"，擅长的地方，和扬雄、班固水平为同一流，接着指出他的严重不足，"理不胜辞"，"以至乎杂以嘲戏"。作者对

"建安七子"作品的评价客观、公允，为下文两个主要文学观点的论述奠定了基础。

作者首先论述"文本同而末异"的文学观点。"文本同"，即大凡文章（用文辞表达内容）的本质是相同的，不会变化的；"而末异"，文章的表达方式如体裁等这个"末"是不同的。上文对作家作品的具体比较和分析，用事实证明了这个观点。作者又指出，由于一些人违背了"文本同而末异"的观点，不能正确地认识别人，也不能正确地认识自己，因而陷入"贵远贱近""向声背实""暗于自见"的错误之中。作者最后根据"文本同而末异"，提出文章的评判标准，即"奏议宜雅，书论宜理，铭诔尚实，诗赋欲丽"。

"文本同而末异"文学观点对后世有很大的启迪作用，评价作品不能只用单一的标准，作品的体裁不同，评价的标准也不同。文章四科的分法，虽然比较笼统，但在那个时代，无疑丰富了人们对文章体裁的认识。文章四科的提出对后来文章体裁划分亦有启示作用。

接着作者论述第二个文学观点："文以气为主，气之清浊有体，不可力强而致。""文以气为主"，指出文章是由"气"主导的，这个"气"既指一个人的气质、才性、志趣、德操等精神内涵，也指文字作品所展现出来的一种充盈流转的精神活力。"气"既包括一个人与生俱来的先天条件，也包括后天习得的修养和品质。"气之清浊有体，不可力强而致"，是说人或者作品的气质有阳刚和阴柔之别，不能通过强行努力来达到。这里虽然说得绝对了些，但强调了阳刚之气或阴柔之气对作品的影响。上文对七子作品的赏析，清晰地反映了这一文学观点。譬如"应场和而不壮。刘桢壮而不密。孔融体气高妙，有过人者"，都强调"体气"在作品中的作用。作者又以音乐为例，强调"曲度虽均，节奏同检，至于引气不齐，巧拙有素。虽在父兄，不能以移子弟"，论证"气""体气"的不可变。

"文以气为主"，作者最早明确地指出了文学作品各种风格形成的内在原因，使文学作品的评价与欣赏有了根基，由这个根基出发，最容易把握作品审美的实质。后世评论家所说的"建安风骨"和"文以气为主"的审美理念与此一脉相承。自曹丕提出文气观，"气"成了后世学者评论作品的重要话题。

最后一个自然段是文章的第三部分，写作者提出的第三个文学观点，文章是"经国之大业，不朽之盛事"。文中先写古代文人的追求，"寄身于翰墨，见意于篇籍，不假良史之辞，不托飞驰之势，而声名自传于后"，并以周文王"演《易》"和周公"制《礼》"为例加以佐证；接着写"古人贱尺璧而重寸阴"的道理，并指出不珍惜光阴，结果必然是"日月逝于上，体貌衰于下，忽然与万物迁化，斯志士之大痛也"；最后以"（徐）幹著《论》，成一家言"的事实说明文章是"经国之大业，不朽之盛事"。

汉朝帝王把文人当作"倡优"，把辞赋比作"博弈"。文人自己也鄙视自身和创作。枚乘认为："为赋乃俳，见视如倡，自悔类倡也。"（晋·陈寿《汉书·枚乘传》）蔡邕也说："夫书画辞赋，才之小者，匡国理政，未有其能。"（东汉·班固《后汉书·蔡邕传》）而曹丕把文章当作"经国之大业，不朽之盛事"，鼓励文人向古人学习，"贱尺璧而重寸阴"，努力创作，千万不要"营目前之务，而遗千载之功"。由于曹丕在政治上和文学上的地位，这一倡导对当时的文学繁荣有一定的促进作用。

鲁迅说："用近代的文学眼光来看，曹丕的一个时代可说是'文学的自觉时代'。"（《魏晋风度及文章与药及酒之关系》）曹丕的文章为"经国之大业，不朽之盛事"的文学观点，鲜明地表达了建安时期的作家创作进入了"文学的自觉时代"。"文本同而末异"和"文以气为主"的文学观点则鲜明地表达了文学批评进入了"自觉的时代"。曹丕第一次有意识地集中而系统地探索了文学批评的一些基本问题，虽然这些探索的表达比较简单，但对后代的研究有一定的启迪作用。西晋的陆机和南北朝的刘勰、钟嵘，就是沿着曹丕开辟的道路，继续攀登文学批评和文学理论的高峰。

附录

三国志·文帝纪 节录

　　文皇帝讳丕，字子桓，武帝太子也。中平四年冬，生于谯。建安十六年，为五官中郎将、副丞相。二十二年，立为魏太子。太祖崩，嗣位为丞相、魏王。尊王后曰王太后。改建安二十五年为延康元年。

　　元年二月壬戌，以大中大夫贾诩为太尉，御史大夫华歆为相国，大理王朗为御史大夫。置散骑常侍、侍郎各四人，其宦人为官者不得过诸署令；为金策著令，藏之石室。初，汉熹平五年，黄龙见谯，光禄大夫桥玄问太史令单飏："此何祥也？"飏曰："其国后当有王者兴，不及五十年，亦当复见。天事恒象，此其应也。"内黄殷登默而记之。至四十五年，登尚在。三月，黄龙见谯，登闻之曰："单飏之言，其验兹乎！"己卯，以前将军夏侯惇为大将军。濊貊、扶馀单于、焉耆、于阗王皆各遣使奉献。夏四月丁巳，饶安县言白雉见。庚午，大将军夏侯惇薨。五月戊寅，天子命王追尊皇祖太尉曰太王，夫人丁氏曰太王后，封王子睿为武德侯。是月，冯翊山贼郑甘、王照率众降，皆封列侯。酒泉黄华、张掖张进等各执太守以叛。金城太守苏则讨进，斩之。华降。六月辛亥，治兵于东郊，庚午，遂南征。秋七月……孙权遣使奉献。蜀将孟达率众降。武都氐王杨仆率种人内附，居汉阳郡。甲午，军次于谯，大飨六军及谯父老百姓于邑东。八月，石邑县言凤皇集。冬十月……丙午，行至曲蠡。汉帝以众望在魏，乃召群公卿士，告祠高庙。使兼御史大夫张音持节奉玺绶禅位……乃为坛于繁阳。庚午，王升坛即阼，百官陪位。事讫，降坛，视燎成礼而反。改延康为黄初，大赦。

黄初元年十一月癸酉，以河内之山阳邑万户奉汉帝为山阳公，行汉正朔，以天子之礼郊祭，上书不称臣，京都有事于太庙，致胙；封公之四子为列侯。追尊皇祖太王曰太皇帝，考武王曰武皇帝，尊王太后曰皇太后。赐男子爵人一级，为父后及孝悌力田人二级。以汉诸侯王为崇德侯，列侯为关中侯。以颍阴之繁阳亭为繁昌县。封爵增位各有差。改相国为司徒，御史大夫为司空，奉常为太常，郎中令为光禄勋，大理为廷尉，大农为大司农。郡国县邑，多所改易。更授匈奴南单于呼厨泉魏玺绶，赐青盖车、乘舆、宝剑、玉玦。十二月，初营洛阳宫，戊午幸洛阳。是岁，长水校尉戴陵谏不宜数行弋猎，帝大怒；陵减死罪一等。

二年春正月，郊祀天地、明堂。甲戌，校猎至原陵，遣使者以太牢祠汉世祖。乙亥，朝日于东郊。初令郡国口满十万者，岁察孝廉一人；其有秀异，无拘户口。辛巳，分三公户邑，封子弟各一人为列侯。壬午，复颍川郡一年田租。改许县为许昌县。以魏郡东部为阳平郡，西部为广平郡。……（春）三月，加辽东太守公孙恭为车骑将军。初复五铢钱。夏四月，以车骑将军曹仁为大将军。五月，郑甘复叛，遣曹仁讨斩之。六月庚子，初祀五岳四渎，咸秩群祀。丁卯，夫人甄氏卒。……秋八月，孙权遣使奉章，并遣于禁等还。丁巳，使太常邢贞持节拜权为大将军，封吴王，加九锡。冬十月，授杨彪光禄大夫。以谷贵，罢五铢钱。己卯，以大将军曹仁为大司马。十二月，行东巡。是岁筑陵云台。

三年春正月丙寅朔，日有蚀之。庚午，行幸许昌宫。……二月，鄯善、龟兹、于阗王各遣使奉献。……是后西域遂通，置戊己校尉。三月乙丑，立齐公睿为平原王，帝弟鄢陵公彰等十一人皆为王。初制封王之庶子为乡公，嗣王之庶子为亭侯，公之庶子为亭伯。甲戌，立皇子霖为河东王。甲午，行幸襄邑。夏四月戊申，立鄄城侯植为鄄城王。癸亥，行还许昌宫。五月，以荆、扬、江表八郡为荆州，孙权领牧故也；荆州江北诸郡为郢州。闰月，孙权破刘备于夷陵。初，帝闻备兵东下，与权交战，树栅连营七百余里，谓群臣曰："备不晓兵，岂有七百里营可以拒敌者乎！'苞原隰险阻而为军者为敌所禽'，此兵忌也。孙权上事今至矣。"后七日，破备书到。秋七月，冀州大蝗，民饥，使尚书杜畿持节开仓廪以振之。八月，蜀大将黄权率众降。九月……庚子，立皇后郭氏。

赐天下男子爵人二级；鳏寡笃癃及贫不能自存者赐谷。冬十月甲子，表首阳山东为寿陵……是月，孙权复叛。复郢州为荆州。帝自许昌南征，诸军兵并进，权临江拒守。十一月辛丑，行幸宛。庚申晦，日有食之。是岁，穿灵芝池。

四年春正月……筑南巡台于宛。三月丙申，行自宛还洛阳宫。癸卯，月犯心中央大星。丁未，大司马曹仁薨。是月大疫。夏五月，有鹈鹕鸟集灵芝池……六月甲戌，任城王彰薨于京都。甲申，太尉贾诩薨。太白昼见。是月大雨，伊、洛溢流，杀人民，坏庐宅。秋八月丁卯，以廷尉钟繇为太尉。辛未，校猎于荥阳，遂东巡。论征孙权功，诸将已下进爵增户各有差。九月甲辰，行幸许昌宫。

五年春正月，初令谋反大逆乃得相告，其余皆勿听治；敢妄相告，以其罪罪之。三月，行自许昌还洛阳宫。夏四月，立太学，制五经课试之法，置春秋穀梁博士。五月，有司以公卿朝朔望日，因奏疑事，听断大政，论辨得失。秋七月，行东巡，幸许昌宫。八月，为水军，亲御龙舟，循蔡、颍，浮淮，幸寿春。扬州界将吏士民，犯五岁刑已下，皆原除之。九月，遂至广陵，赦青、徐二州，改易诸将守。冬十月乙卯，太白昼见。行还许昌宫。十一月庚寅，以冀州饥，遣使者开仓廪振之。戊申晦，日有食之。……是岁穿天渊池。

六年春二月，遣使者循行许昌以东尽沛郡，问民所疾苦，贫者振贷之。三月，行幸召陵，通讨虏渠。乙巳，还许昌宫。并州刺史梁习讨鲜卑轲比能，大破之。辛未，帝为舟师东征。

五月戊申，幸谯。壬戌，荧惑入太微。六月，利成郡兵蔡方等以郡反，杀太守徐质。遣屯骑校尉任福、步兵校尉段昭与青州刺史讨平之；其见胁略及亡命者，皆赦其罪。秋七月，立皇子鉴为东武阳王。八月，帝遂以舟师自谯循涡入淮，从陆道幸徐。九月，筑东巡台。冬十月，行幸广陵故城，临江观兵，戎卒十余万，旌旗数百里。是岁大寒，水道冰，舟不得入江，乃引还。十一月，东武阳王鉴薨。十二月，行自谯过梁，遣使以太牢祀故汉太尉桥玄。

七年春正月，将幸许昌，许昌城南门无故自崩，帝心恶之，遂不入。壬子，行还洛阳宫。三月，筑九华台。夏五月丙辰，帝疾笃，召中军大将军曹真、镇军大将军陈群、征东大将军曹休、抚军大将军司马宣王，并受遗诏辅嗣主。遣后宫淑媛、昭仪已下归其家。丁巳，帝崩于嘉福殿，时年四十。六月戊寅，葬首阳陵。自殡及葬，皆以终制从事。

初，帝好文学，以著述为务，自所勒成垂百篇。又使诸儒撰集经传，随类相从，凡千余篇，号曰皇览。

评曰：文帝天资文藻，下笔成章，博闻强识，才艺兼该；若加之旷大之度，励以公平之诚，迈志存道，克广德心，则古之贤主，何远之有哉！（参考中华书局版《魏晋南北朝文学史参考资料》、《三国志》中的《文帝纪》节录，为方便阅读，保留了原点校本人名、地名下加的专名线"＿＿"，书名下加的波浪线"﹏﹏"。）

后 记

　　学习古诗文一般先要清除文字障碍，弄懂语句的准确意思，然后才能进一步发现诗文的佳处，欣赏诗文的美妙。基于此，本书每篇诗文后的解析文字分为"译注"与"鉴赏"两部分，前者解决阅读中可能存在的问题，后者重在引导读者如何赏析作品。"译注"中原句翻译以直译为主，同时注重传达诗人的意图、情感和语境。考虑到诗句押韵、工整等特点，有的译文没有与原作字词——对应，有的原词语简明易懂，直接予以保留。"译注"中的注释主要解释疑难的字词、典故和诗中化用前人作品的词语，对不同版本中的异文也尽可能标出。"鉴赏"部分力图运用现代修辞学各种修辞手法，如比喻、拟人、排比等，对诗文的语言特色进行分析，多角度地鉴赏作品。鉴赏重视古人对作品的评价，尽量引用古人的经典评语，并结合论述，深化对作品的分析。

　　本书在遴选诗文时，《曹操卷》以《曹操集》（中华书局

2012 年版）和余冠英选注《三曹诗选》（中华书局 2012 年版）为底本，《曹丕卷》以林久贵、胡涛编著《曹丕全集》（崇文书局 2021 年版）和余冠英选注《三曹诗选》（中华书局 2012 年版）为底本，《曹植卷》以赵幼文校注《曹植集校注》（中华书局 2018 年版）和余冠英选注《三曹诗选》（中华书局 2012 年版）为底本，并参考了河北师范学院中文系古典文学教研组编《三曹资料汇编》（中华书局 1980 年版）、张可礼编著《三曹年谱》（齐鲁书社 1983 年版）、傅亚庶注译《三曹诗文全集译注》（吉林文史出版社 1997 年版）、张可礼和宿美丽编选《曹操曹丕曹植集》（凤凰出版社 2014 年版）、陈庆元撰《三曹诗选评》（上海古籍出版社 2018 年版）、李景华主编《三曹诗文赏析集》（巴蜀书社 1988 年版）等书，吸收了这些著作中某些研究成果，限于体例，未一一注明，在此一并致谢。

安徽人民出版社对本书的出版给予了大力支持，在此深表谢忱。

由于本人学识水平限制，本书肯定还存在不少疏漏甚至错误之处，恳请专家和读者不吝赐教。

2024 年 12 月